A ensandecida geração do like

Editora Appris Ltda.
1.ª Edição - Copyright© 2025 do autor
Direitos de Edição Reservados à Editora Appris Ltda.

Nenhuma parte desta obra poderá ser utilizada indevidamente, sem estar de acordo com a Lei nº 9.610/98. Se incorreções forem encontradas, serão de exclusiva responsabilidade de seus organizadores. Foi realizado o Depósito Legal na Fundação Biblioteca Nacional, de acordo com as Leis nos 10.994, de 14/12/2004, e 12.192, de 14/01/2010.

Catalogação na Fonte
Elaborado por: Dayanne Leal Souza
Bibliotecária CRB 9/2162

D224e 2025	Daroit, Felipe A ensandecida geração do like / Felipe Daroit. – 1. ed. – Curitiba: Appris, 2025. 103 p. ; 21 cm.
	ISBN 978-65-250-7625-6
	1. Modernidade. 2. Redes sociais. 3. Ansiedade. 4. Depressão. 5. Comunicação. 6. Aprovação social. I. Daroit, Felipe. II. Título.
	CDD – 302.2

Appris editorial

Editora e Livraria Appris Ltda.
Av. Manoel Ribas, 2265 – Mercês
Curitiba/PR – CEP: 80810-002
Tel. (41) 3156 - 4731
www.editoraappris.com.br

Printed in Brazil
Impresso no Brasil

Felipe Daroit

A ensandecida geração do like

Curitiba, PR
2025

FICHA TÉCNICA

EDITORIAL	Augusto V. de A. Coelho
	Sara C. de Andrade Coelho
COMITÊ EDITORIAL	Ana El Achkar (Universo/RJ)
	Andréa Barbosa Gouveia (UFPR)
	Jacques de Lima Ferreira (UNOESC)
	Marília Andrade Torales Campos (UFPR)
	Patrícia L. Torres (PUCPR)
	Roberta Ecleide Kelly (NEPE)
	Toni Reis (UP)
CONSULTORES	Luiz Carlos Oliveira
	Maria Tereza R. Pahl
	Marli C. de Andrade
SUPERVISORA EDITORIAL	Renata C. Lopes
PRODUÇÃO EDITORIAL	Adrielli de Almeida
REVISÃO	Andrea Bassoto Gatto
DIAGRAMAÇÃO	Amélia Lopes
CAPA	Mateus Porfírio
REVISÃO DE PROVA	William Rodrigues

"Posto, logo existo! A realidade já não basta — precisa de filtro, legenda e engajamento. O riso só vale se for registrado, o jantar só importa se for fotografado, e a felicidade? Bem, essa precisa ser provada, medida em curtidas e alimentada por notificações. Assim seguimos, reféns do próprio reflexo digital, viciados no aplauso invisível de uma plateia que nem nos conhece".

APRESENTAÇÃO

Vivemos tempos em que a existência precisa de prova digital. Comer, viajar, amar, até sofrer — nada tem real valor se não for compartilhado. O prazer genuíno foi substituído pelo desejo incessante de ser visto. Cada curtida é um afago ao ego, cada notificação, um lembrete de que ainda somos "relevantes". O silêncio se tornou desconfortável, e a solidão, intolerável. Estamos sempre conectados, mas nunca estivemos tão distantes de nós mesmos.

A Ensandecida Geração do Like é um mergulho ácido e provocador na sociedade pós-moderna, onde o smartphone se tornou uma extensão do corpo e a hiperconectividade desencadeou uma epidemia de ansiedade, superficialidade e dependência digital. Nunca foi tão fácil se comunicar, e, paradoxalmente, nunca estivemos tão perdidos em meio a diálogos vazios e interações efêmeras. As redes sociais, que prometiam nos aproximar, criaram uma bolha de autoafirmação onde cada postagem é cuidadosamente planejada para alimentar um ciclo vicioso de validação instantânea.

E o que acontece quando a vida real já não basta? Quando o momento não é vivido, mas produzido? As experiências são medidas pelo engajamento, e a felicidade precisa ser exibida para que tenha valor. O tempo livre se transformou em uma oportunidade de autopromoção, e a privacidade se tornou um conceito obsoleto. Entre filtros e algoritmos, estamos perdendo algo essencial: a autenticidade.

Neste livro, com um tom sarcástico e irônico, desvendamos os bastidores da cultura do "like", expondo suas contradições e os perigos de uma sociedade que vive para a tela. Dissecamos o impacto psicológico desse vício moderno, mostrando como a hiperconexão alimenta a angústia e a ansiedade coletiva. Embasado por dados e reflexões filosóficas, este livro não apenas critica, mas convida o leitor a uma autoanálise brutal: estamos realmente vivendo ou apenas performando?

Se você acredita que está no controle, talvez seja hora de repensar. A Ensandecida Geração do Like não traz promessas de desintoxicação digital nem discursos motivacionais. Mas traz algo ainda mais valioso: um olhar crítico, afiado e inquietante sobre a era em que vivemos — e sobre como, aos poucos, estamos abrindo mão da nossa própria realidade em troca de um efêmero instante de atenção.

Dedico esta obra ao meu pai, Enio Daroit, que nutre verdadeira ojeriza por smartphones e redes sociais.

Este livro contém ironia, sarcasmo e verdades,
que podem ofender algumas pessoas e ser útil para outras.

كلمة

PREFÁCIO

Outro dia, encontrei um amigo que trabalhou comigo na Rádio Gaúcha, uma das maiores rádios do Brasil há 15 anos. Por algum motivo que desconheço ele saiu da emissora, mas continuamos amigos. De tempos em tempos nos encontramos. Na última vez, ele me disse: "Na nossa época era muito melhor". Discordei: "A melhor época é a atual, apesar das redes sociais".

Também fui repórter iniciante, igual ao Felipe Daroit, e na época me sentia ofendido quando alguém dizia que, numa época passada, a Rádio Gaúcha tinha sido melhor. Sim, fomos forjados numa época em que dificuldades nos impunham mais desafios, mais insistência, mais sangue, suor e lágrimas para conseguir as coisas. Dessas três, pessoalmente, suei mais. O Daroit também. Poucas vezes vi uma pessoa suar tanto para conseguir algo. Acho que nossa descendência italiana ajuda a explicar.

O "gringo" é forjado no trabalho. Temos apreço por fazer. Aliás, trabalho e fazer são palavras que definem muito bem o Daroit. Ele as executa com primor. Somos da mesma geração profissional. Embora eu seja um pouco mais velho, nossa diferença de idade não nos afasta. Pelo contrário, ela nos une. União é a palavra da nossa relação.

Em 2020, o Daroit, repórter e já apresentador de programas, saiu da Gaúcha. Perdi o colega, mas não o amigo. Nossos laços foram feitos por uma relação de confiança – algo muito importante para um jornalista e, agora, escritor. Não estar mais na mesma empresa não nos afastou; pelo contrário, também nos uniu ainda mais.

Formamos uma geração boa no início do século XXI, sim, mas também éramos jovens e não gostávamos de ser desmerecidos com coisas do tipo: "Vocês são muito jovens, não sabem de nada". Isso era uma ofensa para nós. Todo o nosso esforço, todo o nosso trabalho, era reduzido a nada com esse tipo de comentário. Mas, por outro lado, fazíamos disso um estímulo para fazermos ainda melhor.

É verdade que a atual geração não sofreu as agruras de ter de datilografar numa máquina de escrever ou de transmitir um boletim pelo finado orelhão. Passamos por "grandes transições", como bem definiu o professor Vaclav Smil. A tecnologia, mas fundamentalmente a internet, mudou a forma como agimos, pensamos e nos comportamos. Mudou nossa vida? Sim, claro que sim. E muito. Para melhor, porque um celular resolve tudo. Mas para pior, porque passamos a viver em bolhas digitais.

Por isso o tema deste livro é de suma importância. Somos a geração do *like*. Vivemos em bolhas digitais e isolados do mundo analógico. Não me preocupo só com o presente, mas, sobretudo, com o futuro. São essas pessoas, pobres intelectualmente, que hoje não vivem sem internet e só se informam por ela e pelo que os amigos, que não leem e só acessam conteúdos limitadíssimos, que vão estar em postos-chave no futuro. Se hoje já nos faltam grandes líderes, chefes de nação, pessoas que tomam decisões que mudam nossas vidas, imagine no futuro! Qual será o perfil de quem vai governar em 2050?

Recentemente uma pessoa me disse que o ano estava passando rápido demais. Eu respondi que era uma coisa óbvia. Estamos cada vez mais imediatistas. As redes sociais nos aprisionaram num mundo em que não se dialoga mais, tudo tem que ser registrado imediatamente. É o ambiente em que a vida das pessoas é perfeita e nada dá errado.

Somos pessoas premiadas pelo tempo. A mensagem que chega pelo WhatsApp precisa ser respondida imediatamente. Só que a vida analógica não é assim. Somos uma geração ansiosa, como bem definiu o psicólogo social americano Jonathan Haidt, ao analisar o papel das redes sociais nas nossas vidas. Com ironia,

Felipe Daroit escreveu este livro para tocar no ponto fraco de todos nós: a geração do *like*. Só com muito sarcasmo para tratar tão bem de um tema tão espinhoso.

Este livro é indispensável. Boa leitura!

Daniel Scola – Jornalista

É considerado um dos maiores jornalistas do RS. Fez coberturas em todos os continentes do mundo. Em 2024, lançou o livro Aluno da tempestade, no qual descreve as lições que aprendeu depois de descobrir e enfrentar a maior tormenta da sua vida: um câncer raro na cabeça.

SUMÁRIO

CAPÍTULO 1
INTRODUÇÃO 19
   1.1 NÃO TENTE IMPOR MUDANÇAS 29
   1.2 A COMUNICAÇÃO DA IDADE MÉDIA AOS DIAS ATUAIS ... 33
   1.3 SURGIMENTO DA INTERNET 38

CAPÍTULO 2
A GERAÇÃO ENSANDECIDA PELO LIKE 41
   2.1 PRESSÃO POR ACEITAÇÃO E CHUVA DE LIKES 42
   2.2 O MEME DEFINE QUÃO IDIOTA É A GERAÇÃO
   PÓS-MODERNA 46

CAPÍTULO 3
SUPEREXPOSIÇÃO E OS RISCOS 48
   3.1 UMA CURTIDA OU UMA POSTAGEM PODEM ACABAR
   COM SUA CARREIRA 50
   3.2 CUIDADO AO COMPARTILHAR ÁUDIOS 53
   3.3 NÃO SEJA CHATO! NINGUÉM QUER OUVIR SEUS
   ÁUDIOS LONGOS 57

CAPÍTULO 4
**USO EXCESSIVO DAS REDES SOCIAIS
E DOS SMARTPHONES** 61
   4.1 ENFIE A PORRA DO SMARTPHONE NO BOLSO (NO
   MODO SILENCIOSO) E OLHE NOS OLHOS DAS PESSOAS ... 64
   4.2 SILENCIE OU BLOQUEIE SEM DÓ 69

CAPÍTULO 5

COMUNIQUE-SE DE FORMA ASSERTIVA......72

O USO DE "EU" E EVITAR ACUSAÇÕES 73

ESCUTA ATIVA 73

MANUTENÇÃO DA CALMA EM CONFLITOS 74

ESTABELECIMENTO DE LIMITES 74

EMPATIA E RESPEITO 74

NO AMBIENTE DE TRABALHO 75

NOS RELACIONAMENTOS PESSOAIS 76

EM SITUAÇÕES DE NEGOCIAÇÃO 76

NA EDUCAÇÃO 77

CAPÍTULO 6

PISANDO EM OVOS......81

6.1 QUANTO MAIS BUSCARMOS ACEITAÇÃO SOMENTE BASEADOS NAS REDES SOCIAIS, MAIS VAZIA PODE SE TORNAR AS NOSSAS VIDAS 84

6.2 NECESSIDADE DE SE DESCONECTAR 87

CAPÍTULO 7

NÃO ACREDITE MUITO NA HUMANIDADE 91

7.1 SEJAMOS MAIS ESTOICOS......95

CAPÍTULO 8

SEJA UM VENCEDOR......99

8.1 O ÁPICE DA VIDA......101

CAPÍTULO 1

INTRODUÇÃO

Nunca, na História, vivemos uma geração tão frágil, mimada, fútil e angustiada. Uma sociedade que absolutamente tudo o que faz necessita de postagens em redes sociais para validação. Na geração ensandecida pelo *like*, a cada curtida a pessoa parece receber uma gota de dopamina que a incentiva a postar cada vez mais, desde os grandes feitos até os pequenos e mais íntimos momentos.

Torna-se paradoxal e até mesmo engraçado discorrer sobre o assunto já que, ao mesmo tempo em que o mundo contemporâneo expõe na internet o excesso de egocentrismo, de narcisismo e tudo o que de mais bizarro existe no ser humano, nunca se produziu tanto nas últimas décadas. Elenco a seguir alguns dos avanços tecnológicos incríveis que hoje fazem parte da nossa vida.

O surgimento da Inteligência Artificial e o seu mar infinito de possibilidade; os assistentes virtuais, como a Siri, o Google Assistente e a Alexa. Eles se tornaram mais presentes na vida das pessoas, oferecendo diversas possibilidades de interação por meio de comandos de voz. A Inteligência Artificial também é usada para reconhecimento facial, melhorando a segurança das pessoas e a prisão de foragidos, por exemplo, processamento de linguagem natural, aprendizado, entre outras aplicações.

Nessa mesma linha, as *smart homes* (casas inteligentes) permitem controlar diversos dispositivos domésticos, como lâmpadas, termostatos, câmeras e fechaduras, por meio de aplicativos ou assistentes virtuais. Certamente, você já foi na casa de algum amigo, provavelmente formado na área de Tecnologia da Informação (TI), e encontrou vários desses equipamentos.

E o que dizer dos carros elétricos e autônomos? Veículos movidos a eletricidade que se destacam por serem mais sustentáveis, econômicos e silenciosos do que os carros a combustão, sem contar que alguns modelos têm recursos de condução autônoma, ou seja, dispensam a intervenção humana em determinadas situações. Excelente para "barbeiros" e para você que, assim como eu, já deve ter tido o carro arranhado por algum desgraçado que levou uma lasca do seu veículo ao sair da vaga de estacionamento e sumiu sem sequer deixar poeira.

Olho para esses automóveis e penso e vislumbro que, de modo inevitável, em um mundo não muito distante, sentiremos falta do agradável aroma da gasolina que invade nossas narinas e atinge nosso sistema nervoso central como quando tomamos umas quatro xícaras de café preto, forte, sem açúcar ou adoçante, em jejum, em uma manhã de segunda-feira.

Quem hoje ouve rádio, exceto no carro, para ofuscar o barulho de buzinas e do caos presente nas ruas? Aposto que poucos, pois os *streamings* de música e de vídeo vieram com tudo. Antes, tínhamos que ir para locadoras ou para o cinema. Comprávamos entusiasmados *tickets* para shows que ocorreriam dali a nove meses, sem nem saber se estaríamos vivos até lá. Tínhamos que comprar CDs, DVDs e discos que, além da beleza, da fragrância única, serviam como decoração para qualquer ambiente. Agora, podemos acessar conteúdos de vídeo e música on-line, sem a necessidade de baixar ou armazenar arquivos. Sequer temos equipamentos para inserir CDs ou DVDs. Recentemente fui presenteado por um amigo meu, músico, com alguns CDs da sua trajetória, e depois me dei conta de que não teria onde ouvir aquilo. Estão aqui, em alguma gaveta, armazenando pó.

Estou escrevendo este livro em 2024, período em que vivemos a era do 5G, a quinta geração da tecnologia móvel com velocidade de conexão muito superior ao 4G, além de maior capacidade, menor latência e maior confiabilidade e que pode, inclusive, viabilizar novas aplicações, como a realidade virtual. A internet falha cada vez menos. E pensar que há alguns poucos anos ficávamos esperando e ouvindo aquele barulho robótico por cerca de quinze minutos até que o computador desse "a luz" para "navegarmos" na internet.

Dizer o que sobre a medicina e a farmacologia? Na geração dos nossos avós (hoje tenho 39 anos de idade), a morte chegava, geralmente, aos 50. Quem chegava aos 80 era um herói de guerra, apto a ser condecorado e, quiçá, virar santo. Agora, vivemos mais, temos mais tratamentos, mais possibilidades, exceto se você for "sorteado" com uma doença rara e incurável. No passado, tomar remédios era sinônimo de doença. Se fossem medicamentos para ansiedade ou depressão, pior ainda. Você era taxado de louco. Hoje, muitas pessoas já engolem uns 10 comprimidos ao acordarem: ansiolíticos, vitaminas, medicamentos para aumentar a concentração, para relaxar, para regular a pressão arterial, para dormir e até mesmo para fazer sexo, mesmo que já estejam andando de bengala pela idade avançada.

No entanto, apesar desse indubitável mar de possibilidades, se analisarmos o modo de vida do ser humano nas redes sociais – repito, nas redes sociais –, o dia a dia de postagens, a superficialidade e a efemeridade das relações interpessoais, não é absurdo afirmar que as pessoas estão cada vez mais bobas e infantilizadas. Muitas vezes, a vergonha alheia para quem observa com um pouco mais de atenção é inevitável e a única opção é silenciar ou deletar o perfil delas para o resto da vida, mesmo que seja um amigo ou um familiar.

No período da pandemia de Covid-19 (que teve seu auge nos anos 2020, 2021 e 2022 e matou mais de 600 mil pessoas no Brasil), essa imbecilidade ganhou proporções astronômicas. Desinformação. Dicas falhas. Uso de medicações sem comprovação. Falta de bom senso. Surgimento de pseudoespecialistas. Falta de educação. Ausência de altruísmo. Vi tantos episódios esdrúxulos que procuro nem recordar mais. É melhor esquecer. E a falha na minha memória não decorre dos efeitos da vacina ou do excesso de medicamentos que costumo usar. Cada uma dessas passagens me fazia abrir os olhos para esse tema e pensar: "Não... Não pode ser...". Acho que alguns, se fosse possível e houvesse tempo, postariam um "#partiu ser #entubado", com uma fotinho com filtro, no hospital, sorrindo, antes da morte. Sorrindo. Sempre. Ao contrário do passado, quando nas fotografias todos ficavam com semblantes sérios, já que era um momento único e especial, hoje, independentemente do momento, todos sempre abrem aquele bocão mostrando os dentes. A famosa cara de bobo alegre. O problema, talvez, seria não voltar para ver o resultado do engajamento da publicação, após a entubação e o contato com Deus – ou com o diabo –, afinal, poucos voltavam.

E para que tudo isso, caros leitores? *Like* (gostar, em inglês. O botão que usuários de redes sociais clicam para mostrar que gostaram de uma postagem). Chuva de corações. Curtidas e compartilhamentos. Sem contar os gênios que, além de furarem a chamada quarentena (período em que as autoridades pediam exaustivamente para que todos evitassem aglomerações, festas e afins), ainda tinham a capacidade de postar fotos nas festinhas. Não bastava apenas ir e contribuir para espalhar ainda mais o vírus. Era necessária uma foto na festa, sorrindo, com quase 600 mil mortos. Para além dos absurdos e da gravidade do quadro pandêmico, havia também aqueles sábios desconhecedores da realidade que diziam: "Depois da pandemia nos tornaremos pessoas melhores". Que babaquice. No mínimo, pioramos consideravelmente.

Que geração é essa, devemos questionar. Alguns chamam de geração Milênio (nascidos nos anos 80), outros de geração Z (nascidos em meados dos anos 90), outros de geração "floco de neve". Gosto desse último. É mais fofo, não? Para mim, trata-se da triste geração ensandecida pelo *like*. A volúvel geração que busca curtidas a todo instante. E ressalto que minha abordagem, com devidas exceções, como tudo na vida, envolve principalmente os adolescentes, os jovens, mas não deixa de fora os trintões, os quarentões e todas as pessoas que habitam o mundo pós-moderno agora, independentemente da idade, e que utilizam com frequência redes sociais e aplicativos de mensagens instantâneas, afinal, o termo geração refere-se ao grupo de pessoas que nasceram e viveram mais ou menos na mesma época.

Como a civilização humana surgiu há cerca de 5 milhões de anos, quando o homem moderno dominou a natureza, penso ser errado segmentar públicos pelos anos em que nasceram, já que, no fim, somos apenas uma gota em um mar enorme, sem fim e pouco conhecido. Aqui, cabe salientar que essa divisão de gerações, sem dúvida, foi criada pela publicidade e pelo marketing apenas para dividir públicos visando fomentar o capitalismo, pois a dor, a angústia e o sofrimento são sentimentos proibidos e o excesso de positividade serve como um paliativo para a agonia presente na sociedade.

Assim, nada mais "dopamínico" do que comprar, comprar e comprar para sentir prazer. Se prestarem atenção, até mesmo os aromas nas lojas, a iluminação e a música são colocados minuciosamente para estimular a compra. Nos smartphones, basta você pesquisar por determinado produto que depois aparecerão dezenas de anúncios semelhantes ao que você pesquisou. Somos rastreados o tempo todo pelos algoritmos, mesmo que você desligue ou coloque seu telefone no modo avião. Mesmo que sua Alexa esteja desligada. Mesmo que você tenha se revoltado e enfiado o tablet no vaso sanitário. Não há como escapar. E vou além. Não é tão raro ouvir do senso comum a frase: "Se existe algo que me deixa feliz é torrar o cartão de crédito no shopping". Que breguice.

Resumidamente, seja lá o conceito definido, acredito que daqui a uns trezentos anos, quando estivermos mortos e nos analisarem, darão risada ou ficarão chocados ao verem que embora tenham emanado inúmeras tecnologias, como mencionei anteriormente, a adoração pelas *selfies*, os memes para todos os assuntos (dos mais sérios aos mais banais), os vídeos bizarros e "virais" no Tik Tok, o marketing pessoal, as fotos cheias de filtros no Instagram, Facebook e todas as demais redes sociais, talvez sejam os feitos mais "importantes" e intrigantes da nossa era.

A sociedade ensandecida pelo *like* não sobrevive sem o smartphone. É acessório básico para todas as ocasiões. Conheço pessoas que tomam banho com o smartphone ao lado do espaço destinado para shampoos e demais produtos de higiene e beleza e, honestamente, acredito que muitos, pela atenção total depositada no aparelho, depois do banho correm o risco de vestir a mesma cueca ou calcinha usada no dia anterior, já que a concentração primordial está nas mensagens que surgem no WhatsApp rapidamente, do despertar até o momento de dormir, como mariposas que se deslocam atraídas pela luz.

Em geral, mensagens de um chefe disposto a atropelar tudo e todos pelo sonho de se tornar "CEO" (provavelmente aqueles chefes desprovidos de bom senso, que enviam mensagens em todos os turnos e aos finais de semana), atualizando como urgente mais uma das tantas reuniões que poderiam ser substituídas por um simples e-mail ou um telefonema.

Sem falar das mensagens daqueles gloriosos seres, colegas de trabalho ou pessoas com quem temos que conviver por algum motivo profissional, mas que gostaríamos de mandar à merda, só que ainda precisamos pagar uns boletos: "Te mandei agora, senão depois vou esquecer. Não precisa responder, não é nada urgente".

E isso independe se são 5h ou meia-noite. Ora, por acaso somos uma nuvem para armazenar a desorganização alheia? Se você faz isso, pare, por favor. Não seja idiota. As outras pessoas também têm vida e você não é especial. Organize-se.

Frágil, a sociedade ensandecida pelo *like* torna-se enferma sem sinal de internet ou quando falta energia elétrica. Ela precisa registrar absolutamente tudo. Uma sociedade desprovida de pudor e que não se permite vivenciar qualquer coisa sem que esteja conectada para compartilhar e receber "curtidas" para ser aceita e autenticada. Como exemplo cito os raros momentos em que o WhatsApp ficou fora do ar por algumas horas nos últimos anos. A sensação era de desespero e de vazio, como se o mundo estivesse acabando e que não haveria mais comunicação. Concomitantemente, vejam só, também tivemos um fenômeno positivo: muitas pessoas conversarem pessoalmente. Houve até diálogo entre familiares que habitam o mesmo espaço. Claro que isso foi para o espaço instantaneamente, assim que o sistema retornou.

Obviamente, a minha crítica não se estende para aquelas pessoas que usam as redes sociais de maneira profissional, afinal, hoje em dia, no mundo contemporâneo, com a decadência de jornais, sites, rádios e TVs, as redes sociais tornam-se ferramentas fundamentais, mais baratas e necessárias para divulgação e publicidade do seu trabalho ou produto. A análise é sobre a superexposição da vida privada. Como a própria palavra já diz. Privado. Algo íntimo.

Nesse ponto, quero reforçar e deixar claro que não sou contra o uso. Pelo contrário. As redes sociais fazem parte das nossas vidas. O que busco trazer aqui é uma reflexão sobre o uso abusivo, sobre as formas como as pessoas se expõem, os perigos do hábito imoderado e a ansiedade que cresce ano após ano, conforme revelam inúmeras pesquisas pelo mundo.

Um estudo publicado na revista *The Lancet* e conduzido pelas universidades de Cardiff, Edimburgo e Bristol, no Reino Unido, deu número aos riscos. Com base em dados de 10 mil adolescentes de 14 anos, o levantamento revelou que entre os que passavam mais de cinco horas por dia nas redes sociais, o percentual de sintomas de depressão havia crescido 50% para meninas e 35% para meninos. Mesmo entre os que passavam três horas houve elevação de sintomas, de 26% para elas e 21% para eles.[1]

O que mais me chamou atenção nesse estudo não foram os resultados, mas imaginar que uma pessoa, em 24 horas do dia, passa mais de cinco horas em redes sociais. Isso beira à psicopatia. Em janeiro de 2024, pesquisa publicada na revista científica *PLOS Mental Health*, apontou que adolescentes viciados em internet passam por alterações cerebrais que podem levar a mudanças de comportamento e ao aumento nas tendências de dependência. O estudo, realizado por cientistas da University College London (UCL), foi feito a partir da revisão de 12 artigos envolvendo 237 jovens de 10 a 19 anos com diagnóstico formal de dependência em internet, entre 2013 e 2023.

A "dependência" é definida como a incapacidade de uma pessoa de resistir ao impulso de utilizar a internet, impactando negativamente seu bem-estar psicológico e a sua vida em seus contextos social, acadêmico e profissional. Para realizar o estudo, os pesquisadores usaram imagens de ressonância magnética funcional (RMF) para inspecionar a conectividade funcional – ou seja, como as regiões do cérebro interagem entre si – de participantes viciados na internet. Essas imagens foram colhidas enquanto eles descansavam e quando completavam uma tarefa.

Segundo o estudo, os efeitos da dependência de internet foram observados em múltiplas redes neurais no cérebro de adolescentes. Houve uma mistura de aumento e diminuição da atividade nas partes do cérebro que são ativadas durante o repouso

---

[1] Disponível em: https://www.thelancet.com/journals/lanpsy/article/PIIS2215-0366(23)00175-X/fulltext. Acesso em: 08/02/2025.

(rede de modo padrão). Por outro lado, houve uma diminuição na conectividade funcional das regiões do cérebro envolvidas no pensamento ativo (rede de controle executivo). Essas mudanças, segundo os pesquisadores, podem levar a mudanças de comportamento na capacidade intelectual, na coordenação física, na saúde mental e no desenvolvimento.[2]

Ainda, em janeiro de 2023, em um estudo de longo prazo sobre o desenvolvimento neural de adolescentes e o uso de tecnologia, pesquisadores da Universidade da Carolina do Norte, nos Estados Unidos, relataram que a checagem habitual das mídias sociais está ligada a mudanças no cérebro dos jovens e como eles respondem ao mundo ao seu redor. A publicação, disponível na revista científica especializada em saúde *JAMA Pediatrics*, sugere que crianças e os adolescentes que crescem checando as mídias sociais a todo o momento estão ficando com cérebros hipersensíveis a repostas sociais.[3]

Segundo o estudo, as plataformas de redes sociais fornecem um fluxo constante e imprevisível de *feedback* social na forma de curtidas, comentários, notificações e mensagens, e isso influencia em como os jovens reagem às situações sociais na vida real.

Os resultados da pesquisa, que acompanhou 169 jovens de 13 a 17 anos ao longo de três anos, indicou que os cérebros dos adolescentes que verificavam as redes sociais com frequência (mais de 15 vezes por dia) tornaram-se mais sensíveis neurologicamente às recompensas e punições sociais.

Em 2019, outro estudo, feito pelo Departamento de Psiquiatria da Universidade de Montreal, no Canadá, e publicado na *JAMA Pediatrics*, relacionou o aumento de tempo nas redes sociais e na televisão a sintomas de depressão. Durante quatro anos, 3,8

---

[2] Disponível em: https://journals.plos.org/mentalhealth/article?id=10.1371/journal.pmen.0000022. Acesso em: 08/02/2025.

[3] Disponível em: https://jamanetwork.com/journals/jamapediatrics/fullarticle/2799812. Acesso em: 08/02/2025.

mil jovens de 12 a 16 anos preencheram questionários sobre o tempo em que permaneciam em frente a diferentes tipos de telas. De acordo com o estudo, além do fenômeno de comparação, outra hipótese é a de que algoritmos das redes (que permitem que conteúdos semelhantes aos já acessados sejam entregues aos usuários) podem reforçar quadros depressivos. A pesquisa canadense se soma a outras que dão pistas sobre essa relação.[4]

Esses são apenas alguns entre centenas de estudos que foram e estão sendo realizados no mundo diante da dependência e do uso excessivo das redes sociais. O tema, obviamente, desperta preocupação, tendo em vista as diversas análises que estão sendo produzidas. Todavia, independentemente de levantamentos, análises acadêmicas, estudos, entre outros, meu objetivo não é mudar a forma de agir nas redes sociais. Longe disso. Quem sou eu para dizer o que as pessoas devem fazer. Cada um faz o que bem entende. Se quiser sair correndo pelas ruas pelado, pendurar-se na cúpula de uma catedral com a bunda pintada de vermelho e fazer uma *live* para chamar a atenção e ganhar seguidores, não é da minha conta. A ideia é despertar e refletir sobre esse tema tão presente no mundo contemporâneo.

Por favor, se você optar por ler este livro e pretende postar uma foto de uma taça de espumante ao lado de algum trecho escrito, com alguma frase motivacional, rasgue esta obra ou doe-a para alguém, pois ela de nada lhe servirá. Não perca seu tempo. Será mais vantajoso usá-lo para pesquisar as melhores formas de se fotografar no espelho da academia ou para baixar aplicativos que rejuvenescem sua imagem e retiram rugas, olheiras, cabelos brancos e tudo mais que o tempo nos impõe. Quem sabe uma busca no Google por uma profissional de saúde que aplique botox em seu belo rosto de 20 e poucos anos e te deixe com uma "boca de

---

[4] Disponível em: https://jamanetwork.com/journals/jamapediatrics/article-abstract/2757362. Acesso em: 08/02/2025.

pato" também seja uma opção interessante. Observação: cuidado. Hoje, qualquer "profissional de saúde" faz essas aplicações. Muitos, inclusive, fazem nos banheiros de suas residências por não terem alvará da Vigilância Sanitária. Então, não se esqueça de correr para um médico de verdade se algo de errado na sua cara. Médicos formados em Medicina mesmo, sabe? Que estudaram no mínimo uns seis anos e não fizeram uma faculdade EAD.

Sobre isso, aliás, certo dia perguntei para minha irmã se os lábios inchados dessas garotas com boca de pato eram efeito da pós-aplicação. Fiquei surpreso quando ela, calmamente, explicou-me que não, que o objetivo era esse mesmo, deixar os lábios nesse formato.

Perguntei:

— Como assim, Fernanda? Qual a lógica?!

Ela, descendente de italianos, estava na cozinha preparando uma deliciosa polenta ao mesmo tempo em que, insistentemente, mandava meu afilhado de 5 anos largar o tablet, respondeu:

— Sei lá, Felipe. Elas acham bonito. Está na moda.

Fiquei em silêncio por alguns segundos, pensei e apenas disse:

— Mas que belíssima merda...

Daí em diante passei a entender por que sentia que estava beijando bocas meio duras, com aspecto de plástico, em algumas das breves trocas de saliva que tive com garotas em noites regadas a muito álcool, cigarros e rock and roll. Senti-me um grande idiota pelo desconhecimento de causa.

1.1 NÃO TENTE IMPOR MUDANÇAS

Antes de qualquer coisa, sem me alongar, é fundamental fazer um resgate do que foi a comunicação, da Idade Média até os dias de hoje, principalmente para que essa geração pós-moderna, que sempre acha que tem razão em tudo, mas que leu, porventura, um ou dois livros indicados por algum professor militante, que domina todos os assuntos relacionados a diversidade de gênero, uso de banheiros femininos ou masculinos por pessoas trans, linguagem neutra, mas que em sua grande parte mal sabe conjugar o presente e o pretérito perfeito e imperfeito da língua portuguesa.

Falo, sobretudo, para aqueles que, em raros casos, passaram perto de obras de Machado de Assis, Cecília Meireles, Ariano Suassuna, Dante Aliguieri, Liev Tolstói, José Saramago, Carlos Drummond de Andrade, Dostoievsky, Zygmunt Bauman, Gabriel Garcia Marquez, Jorge Luis Borges, Nelson Rodrigues, Eduardo Galeano e tantos outros autores memoráveis. Meninos e meninas que ousam debater como se tivessem uma exorbitante propriedade, que acham que o mundo será menos sangrento e mais sustentável se todos forem ao trabalho de *bike*, como se a maioria das pessoas tivesse essa opção e morasse a quatro quadras do trabalho, sem serem obrigadas a se deslocar em ônibus e metrôs lotados, espremidos como sardinhas. Os jovens que plantam algumas mudas de manjericão e tomate na área de serviço do apartamento pago ou alugado pelo "papi", que acham que vão mudar o mundo, mas que se esquecem de arrumar a própria cama e jamais se motivaram a lavar a própria louça. Com certeza, caros leitores, vocês conhecem muitos desses.

Para eles, eis aqui meu comunicado:

Queridos, jovens.

Primeiro: aprendam a escrever português corretamente. Será importante para vocês no futuro. É uma língua difícil e complexa. Ouso dizer que é mais difícil do que o inglês. Saibam que não existe "houveram". Ou melhor, existe, mas em 99,9% dos casos você nunca vai usar. O certo é houve. Não é necessário falar "a cada dia que passa", pois os dias passam, então basta dizer "a cada dia". Quero relembrar que caso vocês não conheçam, somos uma República muito jovem, assim como vocês. Vou situá-los, antes que militem e tentem impor mudanças radicais em seus pais, amigos e pessoas com quem sequer vocês têm intimidade.

Não se esqueçam de que até o começo dos anos 2000 (isso não é nada para um país descoberto há mais de 500 anos), nas tardes de domingo, na TV aberta, um quadro chamado "Banheira do Gugu", no canal SBT, era líder de audiência, filmando exclusivamente a bunda e todos os detalhes possíveis da parte frontal e traseira dos biquínis de belas mulheres, em uma competição para encontrar o sabonete que se perdia em uma pequena banheira de espuma.

A disputa era entre as garotas da banheira do Gugu, com seus corpos estonteantes, contra famosos, em geral pagodeiros ou integrantes de grupos de axé, já que esses dois estilos musicais atropelaram o rock no fim dos anos 90 e começo da década de 2000, no Brasil. A espuma, a água e as mãos deslizando entre os competidores frequentemente faziam os biquínis caírem e os lindos seios daquelas mulheres ficavam à mostra de todos. Chocante, não? Lembrem-se e repito: isso passava na TV aberta, nas tardes de domingo, ou seja, qualquer criança que mal sabia falar tinha acesso a esse conteúdo. Portanto tentem, ao menos uma vez, deliciarem-se nos livros de História, se tiverem um tempinho, que entenderão o que quero dizer. O Brasil é uma democracia muito recente e vou explicar:

Nosso país foi descoberto há 525 anos.

1500 a 1822: Período colonial (322 anos).

1822 a 1889: Período imperial (67 anos).

1889 a 1930: República Velha (44 anos).

1930 a 1945: Estado Novo (15 anos).

1945 a 1964: Período democrático (19 anos).

1964 a 1985: Ditadura militar (21 anos).

1985 a 2025: Redemocratização (40 anos).

Sendo assim, vale o antigo ditado: respeitem os mais velhos. Respeitem seus pais, seus avós e quem pensa de forma diferente de vocês. Respeitem a história deles e como eles foram criados. Talvez não seja tão fácil para eles digerirem tantas transformações na sociedade com tamanha rapidez. Lembrem-se que muitos deles nasceram de famílias com 12, 13, 14, 15 irmãos e irmãs, ou mais. Imaginem como era na hora do almoço; que quando eles eram crianças muitos sequer tinham luz em casa; que a morte no parto era algo, em tese, "normal", especialmente no interior, onde não havia hospitais; que os banheiros ficavam fora das casas, as chamadas "patentes". Alguns sequer tinham acesso a papel higiênico, e entre os imigrantes italianos, que é minha origem, a higiene após o "número dois" era feita com sabugos de milho. Não existia papel higiênico Neve Supreme, com folha tripla, e muito menos lencinho umedecido. Ou seja, respeitem quem pensa o contrário de vocês. Não tentem exigir mudanças drásticas.

É óbvio que temos que evoluir. Isso é importantíssimo. É óbvio que precisamos lutar, debater, que precisamos de mais igualdade, de mais respeito, de mais inclusão, e isso já está ocorrendo, mas como tudo na vida, evoluções não são tão céleres como em um vídeo de 30 segundos no Tik Tok. Tudo acontece naturalmente. Os mais velhos vão morrer. Vocês serão os protagonistas e, como é a escala da vida, os filhos de vocês também estarão muito mais avançados para mudar e evoluir. Já pensaram? Se vocês optarem em ter bebês, o que está ficando cada vez mais raro, serão papais e mamães e ouvirão de pentelhos que mal aprenderam a limpar o bumbum frases do tipo: "Nosssssaaaaaa, pai, que preconceituo-sooooooo". "Credoooooo, mãe, que atrasadaaaaaa...". Assim, ressalto que a transformação na sociedade já está acontecendo. Não sei se ela é boa ou ruim. Talvez estejamos apenas andando em círculos. Seja o que for, apenas acalmem o coração, sigam com seus ideais, mas arrumem a cama, por favor, e, se possível, lavem a louça também.

1.2 A COMUNICAÇÃO DA IDADE MÉDIA AOS DIAS ATUAIS

Neste capítulo não vou me ater em muitos detalhes. Farei apenas algumas breves ponderações sobre o que era a Comunicação na Idade Média até os dias atuais, caso contrário teria que desenvolver uma cronologia de mais de cinco mil páginas, tratando, inclusive, da Idade Antiga, e esse não é o intuito, já que existem milhares de obras que abordam esse tema.

Dito isso, a princípio, para relembrá-los daquelas aulas de História que possivelmente vocês já tenham se esquecido, pois era chata e o interesse maior era jogar bola no intervalo ou flertar com alguma garota ou garoto da escola na insaciável luta para perder a chamada "BV" (boca virgem), a Idade Média (476 a 1453), iniciada no século V, logo após a queda do Império Romano do Ocidente, e terminada no século XIV, com a queda do Império Bizantino e a conquista de Constantinopla, foi um período marcado pela síntese da herança romana com a cultura dos povos bárbaros que invadiram o Império Romano.

Na Idade Média, a comunicação era muito diferente do que estamos acostumados atualmente, por óbvio. Ela ocorria, sobretudo, de forma oral ou escrita. A comunicação oral era realizada por meio de conversas presenciais, como sempre defendeu Sócrates, o pai da Filosofia, ou por mensageiros que levavam notícias de um lugar para outro. As pessoas se reuniam em praças, mercados e igrejas para compartilharem informações e histórias.

A comunicação escrita era feita, acima de tudo, por meio de cartas. As cartas eram escritas à mão e levavam algum tempo para chegarem ao seu destino. Muitas vezes, eram transportadas por mensageiros ou viajantes. A escrita, a propósito, era uma habilidade valorizada e reservada principalmente para a classe privilegiada, como reis, nobres e clérigos. Além disso, a comunicação também se dava por meio de sinais e símbolos. Por exemplo, brasões de família eram usados para identificar a linhagem de uma pessoa.

Os sinos das igrejas também eram utilizados para transmitir informações importantes, como o início de um evento ou um alerta para perigos iminentes. Para quem está se questionando como essas pessoas aprenderam a escrever, relembro que a escrita sistematizada aparece na História por volta de 3.500 a.C., quando os sumérios desenvolveram a escrita cuneiforme na Mesopotâmia. Os registros cotidianos, econômicos e políticos da época eram feitos na argila, com símbolos formados por cones. E como venho falando ao longo deste livro, tudo foi evoluindo lentamente.

Em resumo, voltando para a Idade Média, a comunicação era lenta e limitada em comparação com os meios de comunicação modernos, do tipo WhatsApp ou Face. A troca de informações dependia muito da proximidade física entre as pessoas e da disponibilidade de mensageiros para transportar as mensagens. Analisando esse ponto, sinto certa inveja. Vejam: as pessoas conversavam e se olhavam, diferentemente de hoje em dia, quando o celular, em um almoço, por exemplo, sempre está em cima da mesa e é acessório tão importante quanto a faca para cortar um pedaço de carne.

Muito comum também naquela época, embora não seja uma invenção específica da Idade Média, foi o uso do pergaminho. O pergaminho era feito a partir de peles de animais, como ovelhas e cabras, e era usado para escrever e registrar informações importantes. Nessa mesma época, um marco importantíssimo que deve ser destacado é a invenção da imprensa por intermédio do alemão Johann Gutenberg, entre os anos de 1439 e 1440.

Gutenberg desenvolveu uma máquina de impressão tipográfica, proporcionando uma enorme revolução no terreno da escrita e da leitura, e permitiu a impressão em massa de livros, jornais e panfletos. Isso tornou possível disseminar informações e ideias de forma mais rápida e ampla. Consequentemente, a imprensa ajudou a espalhar conhecimento, promover ideias políticas e religiosas e incentivar a alfabetização, a princípio, nas sociedades europeias.

Com a invenção de Gutenberg, a propagação de livros passou a ficar mais intensa, como o caso da Bíblia, o primeiro dos livros inteiros publicados pela técnica da imprensa. Porém vale ressaltar que a comunicação permanecia, predominantemente, limitada a elites e pessoas com recursos financeiros. A maioria da população não tinha acesso à educação formal e aos meios de comunicação.

A forma de comunicação não mudou muito na Idade Moderna, período compreendido de 1453 a 1789 (séculos XV-XVIII). A grande maioria das pessoas seguia dependendo dos métodos tradicionais, como o uso de cartas, mensageiros e viagens físicas, para se comunicar.

Somente após o período da Idade Moderna, de fato, a comunicação sofreu um verdadeiro *boom* de ferramentas e tecnologias, presentes até os dias de hoje e que a cada dia ganham novos elementos. Podemos elencar alguns deles:

- O telégrafo, desenvolvido por Samuel Morse em 1837. Ele permitia a transmissão de mensagens por meio de pulsos elétricos. Essa invenção revolucionou as comunicações de longa distância, tornando possível enviar mensagens de forma mais rápida e eficiente.

- O telefone: inventado por Alexander Graham Bell em 1876, revolucionou a forma como as pessoas se comunicavam à distância. Ele permitia a transmissão de sons e voz em tempo real, tornando possível conversar com pessoas que estavam longe fisicamente.

- A luz: inventada em 1879 por Thomas Edison, que conseguiu produzir uma iluminação durável fazendo passar a corrente elétrica por um filamento de carbono dentro de uma ampola de vidro vazia.

- O rádio: inventado por Guglielmo Marconi em 1895. Ele permitia a transmissão de informações e entretenimento por meio de ondas eletromagnéticas. Essa invenção teve um impacto significativo na comunicação em massa, permitindo a transmissão de notícias, música e programas de rádio para um grande público.

- Invenção da TV: a televisão é uma das invenções mais significativas da História, tornando-se o meio de comunicação mais importante do mundo na segunda metade do século XX. Seu surgimento decorreu de uma série de avanços científicos que foram sendo conquistados aos poucos. O ponto de partida foi a descoberta de que um elemento químico chamado selênio poderia ser usado para transmitir imagens em movimento. Esse feito foi realizado por Paul Nipkow, que em 1884 inventou um disco cheio de pequenos furos que transmitia imagens quando a luz passava por eles. No entanto, para que isso fosse possível, a humanidade precisou descobrir as capacidades fotocondutoras do selênio. Ao longo das primeiras décadas do século XX, pequenas experiências tiveram sucesso em transmitir imagens a distância, como foram os casos dos experimentos do cientista Arbwhnett, em 1906; Boris Rosing, em 1907; John Logie Baird, em 1920; Vladimir Zworykin, em 1923; Phil Farnworth, em 1927; entre outros. John Logie Baird é conhecido por ter realizado a primeira transmissão de televisão transatlântica da história, quando transmitiu imagens da Inglaterra aos Estados Unidos. No entanto o sistema que consolidou as televisões se baseou no que foi desenvolvido por Phil Farnsworth, em 1927. O modelo de Farnsworth permitiu o surgimento da televisão eletrônica. As primeiras transmissões de televisão aconteceram ao longo da década de 1930, em diferentes nações europeias e nos Estados Unidos. Já a primeira transmissão em cores foi realizada nos Estados Unidos em 1954. No Brasil, a primeira estação de televisão foi a TV Tupi, fundada por Assis Chateaubriand em 1950.

- Eis que, em 1973, surge o telefone móvel, que nos acompanha diariamente e toma boa parte do nosso tempo. Desgraça para alguns, mas um equipamento que chega a causar orgasmos na maioria. Ele apareceu na História quando Martin Cooper, um engenheiro eletrotécnico americano, fez a primeira chamada de um celular para um telefone fixo usando um aparelho portátil por meio de ondas de rádio. Desde então, os telefones móveis evoluíram consideravelmente, incorporando funções como câmeras ultramodernas, melhores até mesmo que máquinas fotográficas, internet, GPS, jogos e um mundaréu de aplicativos.

Como podemos perceber, as ferramentas de comunicação foram criadas aos poucos e em períodos distantes. Nada foi feito de um dia para o outro, como fiz questão de ressaltar na introdução deste livro. Reforço isso mais uma vez para mostrar que atualmente pertencemos apenas a um ínfimo espaço de tempo na História. Em breve sumiremos, novas tecnologias surgirão, a comunicação dar-se-á, quem sabe, por novos meios e novos formatos, isso se o planeta Terra não for consumido pelo aquecimento global, como preveem alguns cientistas, por epidemias ou por algum líder mundial que, ao acordar de mau humor, decidirá lançar bombas nucleares para todos os lados.

1.3 SURGIMENTO DA INTERNET

Se hoje reclamamos, esbravejamos e lutamos, muitas vezes por horas, ao telefone, ouvindo uma música de ninar, esperando que algum telemarketing nos atenda para resolver determinado problema quando nossa internet não está boa ou quando somos cobrados a mais por algo que contratamos, os registros históricos dão conta de que a internet nasceu justamente em um contexto de guerra. Não essa guerra que traçamos com os telemarketings. Foi uma época um pouco mais violenta: em 1969, na Guerra Fria. Ela nasceu quando o Departamento de Defesa dos Estados Unidos criou um sistema de compartilhamento de informações entre computadores distantes, chamado Arpanet. Nesse ano, houve o envio do primeiro e-mail entre duas universidades americanas.

A internet como conhecemos hoje foi desenvolvida pelo cientista britânico Tim Berners-Lee, que criou a World Wide Web (www), em 1990. Ele inventou um navegador que permitia acessar páginas na web, usando o protocolo HTTP. A partir daí, a internet se popularizou pelo mundo, com o surgimento de novos navegadores, serviços on-line e sites. Nesse contexto, embora seja, predominantemente, o serviço mais acessado atualmente, as redes sociais são apenas um tipo de serviço on-line da internet que permite interação e compartilhamento de conteúdo entre pessoas.

A primeira rede social foi o Classmates, lançado em 1995, nos Estados Unidos e no Canadá, com o objetivo de conectar estudantes de uma faculdade. Em 2002, surgiu o Friendster, uma rede social fundada por Jonathan Abrams, em Mountain View, California, que tinha salas criadas para discussões chamadas de comunidades, equiparadas aos *chats* de hoje. No entanto a rede social foi descontinuada em junho de 2015. O site cresceu mais rápido do que o sistema suportava e os problemas técnicos, combinados com a chegada de concorrentes de peso com mais recursos, enfraqueceram o Friendster.

A seguir, apresento uma lista cronológica das principais redes sociais que surgiram até os dias atuais, com uma breve descrição de cada uma:

- Classmates (1995): permite reencontrar colegas de escola, faculdade ou trabalho.
- ICQ (1996) – Programa de comunicação instantânea pioneiro na Internet, que pertence à companhia Mail. ru Group. É um dos primeiros programas de mensagem instantânea da internet.
- Six Degrees (1997): permite criar perfis, listas de amigos e enviar mensagens.
- LiveJournal (1999): permite criar blogs e comunidades on-line.
- MSN (1999) – Semelhante, mas mais avançado que o ICQ, o programa permitia mensagens instantâneas e foi criado pela Microsoft Corporation. Posteriormente perdeu espaço por ter se tornado antiquado dada a popularidade de outras redes sociais com mais ferramentas.
- Friendster (2002): permite criar perfis, listas de amigos, grupos e compartilhar fotos.
- LinkedIn (2003): permite criar perfis profissionais, fazer contatos e buscar oportunidades de trabalho.
- MySpace (2003): permite criar perfis, listas de amigos, grupos, blogs, músicas e vídeos.
- Orkut (2004): permite criar perfis, listas de amigos, comunidades, scraps e depoimentos.
- Facebook (2004): permite criar perfis, listas de amigos, grupos, páginas, eventos, fotos, vídeos, *stories*, *lives* e *marketplace*.

- Flickr (2004): permite criar perfis, álbuns, grupos, e compartilhar fotos e vídeos.

- YouTube (2005): permite criar canais, listas, *playlists* e compartilhar vídeos.

- Twitter (2006): permite criar perfis, seguir, ser seguido, tuitar, retuitar e curtir mensagens de até 280 caracteres.

- Instagram (2010): permite criar perfis, seguir, ser seguido, postar, curtir e comentar fotos e vídeos, além de *stories* e *reels*.

- Pinterest (2010): permite criar perfis, painéis, pins e compartilhar ideias criativas.

- Snapchat (2011): permite criar perfis, seguir, ser seguido, enviar e receber *snaps*, fotos e vídeos que desaparecem depois de um tempo, além de *stories* e filtros.

- TikTok (2016): permite criar perfis, seguir, ser seguido, postar, curtir e comentar vídeos curtos, com efeitos, músicas e desafios.

- Clubhouse (2020): permite criar perfis, seguir, ser seguido, participar e moderar salas de áudio com temas variados.

CAPÍTULO 2

A GERAÇÃO ENSANDECIDA PELO LIKE

Discorridos os tópicos históricos para situá-los, falo agora sobre o tema principal deste livro: a geração ensandecida pelo *like*. Esse é um termo que descrevo para a cultura e o comportamento social influenciado pelas redes sociais e pela busca por validação on-line. A expressão tem como base o uso abusivo das plataformas de mídia social presentes atualmente, em especial o Instagram, o Facebook, o antigo Twitter (agora X), o TikTok e o Threads, aplicativos que permitem que as pessoas compartilhem suas vidas, suas opiniões e seu conteúdo com muitos usuários instantaneamente.

Na geração ensandecida pelo *like*, o valor social e a popularidade são medidos pela quantidade de curtidas, comentários e compartilhamentos que uma postagem recebe. É desnecessário um estudo aprofundado pelo tema. Basta abrir essas redes sociais, sentar e analisar de modo breve tudo que nos é apresentado. Nitidamente, as pessoas buscam incessantemente a aprovação e a convalidação de outras pessoas por meio de interações virtuais. O número de *likes* em uma foto, por exemplo, pode determinar a percepção de sucesso. Em consequência disso, esse fenômeno tem impactos significativos na forma como as pessoas se relacionam e se expressam. Não raras vezes, o conteúdo compartilhado nas redes sociais é cuidadosamente selecionado e editado para criar uma imagem idealizada de si mesmo em busca de atrair mais *likes* e obter maior aceitação social, o que pode levar a uma cultura de comparação, ansiedade e busca constante por validação externa.

41

Além disso, a geração ensandecida pelo *like* também influencia as interações sociais fora das redes sociais, ou seja, as pessoas tendem a buscar validação e reconhecimento na vida real muitas vezes moldando seu comportamento e suas escolhas com base na aprovação social. O desejo de ser "curtido" e aceito pode afetar as decisões de carreira, estilos de vida, aparência e até mesmo a opinião sobre determinados assuntos. No entanto, cabe fazer um adendo para esse ponto. É importante lembrar que essa geração não representa necessariamente a totalidade. Por mais incrível que pareça, embora seja cada vez mais escasso, ainda existem pessoas que buscam conexões e relacionamentos autênticos, valorizando mais a qualidade de vida do que a quantidade de *likes* recebidos. Sendo assim, torna-se essencial, a meu ver, encontrar um equilíbrio saudável entre a vida on-line e off-line, valorizando a autenticidade, a empatia e as conexões, de fato, reais.

Ao mesmo tempo em que as redes sociais desempenham um papel central na forma como as pessoas se relacionam e se comunicam – e há inúmeros estudos comprovando isso, como alguns citados neste livro –, a busca por aceitação e reconhecimento on-line pode ter consequências extremamente negativas e perigosas.

2.1 PRESSÃO POR ACEITAÇÃO E CHUVA DE LIKES

O trabalho, o estudo, o esforço para garantir uma vida que vale a pena, se é que isso é possível, parece ter se perdido. Não tenho dúvidas de que boa parte dos jovens, se questionados profundamente e tivessem essa opção, sonhariam em ser *digitais influencers*, ter liberdade de horários e poder fazer o que bem entenderem. Na prática seria lindo. Só que, como no futebol, isso é para uma minoria.

Na imensidão de usuários, poucos fazem sucesso ou têm grande engajamento. Os que conseguem, criam conteúdo para viralizar e posteriormente, além de ganharem dinheiro das próprias plataformas, vendem cursos on-line com "fórmulas mágicas" de como alcançar esse "sucesso". Enquanto eles ganham dinheiro, outros se deparam com a pressão de manter uma imagem idealizada de si mesmos. Eis aqui um grande problema. Logo, a busca por popularidade virtual também pode levar a comportamentos superficiais e até mesmo de uma valorização desproporcional da aparência física e da materialidade.

Em 2024, um estudo da Universidade de York, em Toronto, revelou que a constante exposição a imagens de "corpos perfeitos" nas redes sociais pode estar prejudicando a autoestima de jovens mulheres. A pesquisa, publicada no jornal científico *Science Direct*, destacou como uma simples pausa no uso dessas plataformas pode trazer benefícios significativos para a saúde mental.

A análise, conduzida com 66 universitárias, com idades entre 17 e 24 anos, mostrou que aquelas que evitaram redes sociais como TikTok, Instagram, Twitter e Facebook por uma semana tiveram uma melhora notável na forma como viam a si mesmas, comparativamente ao grupo que não modificou seus hábitos digitais. O estudo sugeriu que o tempo off-line encorajou comportamentos benéficos, como maior interação social *face to face*, mais horas de sono e incremento na prática de exercícios físicos. Todos esses fatores são conhecidos por melhorarem a saúde mental e física, contribuindo simultaneamente para uma visão mais saudável do próprio corpo.

Outro problema que surge com o uso indiscriminado das redes sociais e que devemos ressaltar é o crescimento da disseminação de informações falsas. A viralização de conteúdos não verificados pode ter consequências sérias. E não é só o "tiozão do *zap*" que compartilha fake news. Atualmente, mesmo pessoas esclarecidas, que têm afinidade com redes sociais, volta e meia acabam compartilhando boatos e mentiras produzidas e disseminadas rapidamente. Depois, não adianta pedir desculpas. Como muitos falam, o *print* é eterno.

Antes de compartilhar informações, o básico é consultar a fonte, verificar se sites de jornalismo com credibilidade estão noticiando e ter, no mínimo, um pouco mais de cuidado com o que surge e com o uso das redes sociais para evitar que você informe a morte de alguém que não morreu, por exemplo. Lembre-se: a internet é uma terra sem lei. Sendo assim, friso que redes sociais são apenas uma parte da vida e não devem ser o único meio de validação e conexão social.

Pensem em seus avós (se tiveram a sorte de conhecê-los), em seus pais ou nas pessoas que vocês gostam, conversando calmamente sobre um assunto qualquer, na varanda de casa, às 19h de uma quinta-feira de verão, com aquele suave vento batendo após um dia de intenso calor, sem aparelhos eletrônicos por perto, sem ruídos, sem brigas ou gritos. Apenas calmaria, afinal, é essencial cultivar relacionamentos e interações reais, investir em hobbies e interesses fora do mundo virtual. Isso é fundamental e se você não aprender logo estará ferrado.

Como vimos, a sociedade do *like* pode afetar a autoestima das pessoas de várias maneiras. Primeiro, elas promovem uma cultura de comparação constante. Ao verem as postagens de outras pessoas, sobretudo aquelas que parecem ter uma vida perfeita e receber muitos *likes*, usuários podem se sentir inadequados em relação a eles mesmos e isso tende a levar a uma sensação de inferioridade. Além disso, a busca por validação constante por intermédio dos *likes* vai criando uma dependência emocional nas redes sociais. Quando as pessoas baseiam sua autoestima no número de *likes* que recebem, elas são levadas a se sentirem desvalorizadas e menos confiantes ao não receberem a quantidade de reconhecimento que esperam. Isso, sem dúvida, pode ocasionar uma busca incessante por aprovação on-line que pode ser prejudicial para a saúde mental e emocional.

Outro fator que afeta a autoestima é a representação idealizada de vidas perfeitas. Ora, não sejamos burros. As pessoas compartilham apenas os momentos positivos e as conquistas, criando uma imagem distorcida da realidade. Logo, ao comparar suas próprias vidas com essa representação idealizada, os usuários das redes sociais podem se sentir insuficientes e questionar seu próprio valor.

De mais a mais, a sociedade do *like* também enfatiza a importância da aparência física e da imagem externa. Fotos retocadas e perfeitamente editadas são apenas exemplos, só que exemplos dignos de serem lembrados, pois podem criar uma pressão para atender padrões irreais de beleza. Isso, como o estudo canadense apontou, tende a levar pessoas a se sentirem insatisfeitas com sua aparência e a desenvolverem baixa autoestima. E como alguém que trabalha com comunicação há décadas, digo para vocês com certa propriedade que é muito fácil ser feio e se tornar bonito em fotografias. Basta um mínimo conhecimento de edição.

No final das contas, caros leitores, o que gostaria de deixar neste capítulo como mais importante é o seguinte: a porra da autoestima não deve depender, nunca, jamais, do reconhecimento e da validação dos outros. Em suma, cultive uma autoestima saudável, baseada em amor-próprio, aceitação e valorização de suas conquistas e qualidades, seja você gordo, magro, feio, bonito, com dentes, sem dentes. Não leia muito sobre dicas de belezas e, se possível, elimine das suas redes sociais quem basicamente vive da produção desse tipo de conteúdo. Lembre-se: ao final, tudo cai. A pele murcha e o instrumento mais valioso que você terá é seu cérebro, mesmo que na parte externa da cabeça não haja mais cabelos.

2.2 O MEME DEFINE QUÃO IDIOTA É A GERAÇÃO PÓS-MODERNA

Na introdução deste livro falei que "nunca, na História da humanidade, vivemos uma geração tão frágil, mimada, fútil e angustiada". Este capítulo elucida o que considero como fútil, ou seja, vazio, bobo, infantil.

Vocês já perceberam como a atual geração tem tendência a criar memes para quase tudo, independentemente da seriedade ou da banalidade do assunto em questão? O mais grave é que os próprios veículos de comunicação, especialmente sites de jornalismo (que cada vez fazem menos jornalismo), também estão utilizando essa prática. Basta um casalzinho famoso se separar e logo visualizamos na capa do site o seguinte título: "Confira os memes da internet sobre a separação de fulano e fulana". Confesso que isso dói em mim ao lembrar que trabalhei 20 anos em veículos de comunicação, como repórter na maioria do tempo, e aprendi que o jornalismo era coisa séria, que devia ser imparcial e questionador, colocar autoridades contra a parede, cobrar, investigar. Esse método que aprendi morreu, pois uma boa matéria jornalística deve receber 3% de cliques na comparação com uma matéria sobre "memes" viralizados nas redes sociais sobre conteúdos banais, especialmente fofocas.

Esse fenômeno reflete um pouco o que é o comportamento das pessoas nas redes sociais. O pior de tudo é que vejo que os memes não são apenas sobre bizarrices e conteúdos insignificantes. Nada é levado a sério.

Ok. Entendo que a cultura da internet, sobretudo nas redes sociais, está cada vez mais caracterizada pelo compartilhamento rápido e humorístico de informações e os memes se encaixam perfeitamente nessa cultura, já que são uma forma instantânea e fácil de transmitir uma ideia ou um sentimento de maneira "engraçada". Só que nem todos os assuntos são apropriados para serem transformados em memes e o que percebo é um uso excessivo de memes ou um uso inadequado, demonstrando total falta de sensibilidade ou maturidade emocional. E isso parte até mesmo de veículos de imprensa que trabalham com jornalismo, apenas para se encaixarem na futilidade dos conteúdos que estão no topo do ranking dos assuntos mais comentados. E, assim, surgem nas redes sociais memes sobre conteúdos sensíveis. Isso inclui eventos trágicos, doenças graves, injustiças sociais e diversas outras questões que afetam profundamente as pessoas.

A geração do *like* transforma quase tudo em piadas. Consequentemente, para quem tem um olhar um pouco mais crítico, fica nítido que nossa geração não é capaz de levar as coisas a sério ou que não leva a vida a sério em geral. Em resumo, embora a criação de memes possa ser uma forma comum de expressão, o mínimo que se espera é que exista uma certa cautela ao se escolher os assuntos a serem transformados em memes. Só que essa cautela praticamente inexiste. Morre o jornalismo. As redes sociais vencem a batalha da superficialidade e da infantilidade e a geração pós-moderna se manifesta compartilhando uma foto de um caixão com uma frase sobre a imagem: "Partiu cemitério kkkkkkkkk".

Pensando bem, não é de se surpreender. Um país que tem Anitta como principal referência musical e que glamouriza as favelas como se fossem verdadeiros patrimônios nacionais, mesmo sabendo que são regiões extremamente violentas, dominadas pelo tráfico, milícias, com ausência de saneamento básico e tantos outros problemas, não pode ser levado a sério.

CAPÍTULO 3

SUPEREXPOSIÇÃO E OS RISCOS

A superexposição nas redes sociais é um fenômeno que envolve a divulgação excessiva de informações pessoais, opiniões, rotinas, gostos e hábitos. Muitas pessoas usam as redes sociais para se comunicarem, expressarem-se, informarem-se, mas algumas acabam expondo demais a sua vida privada sem se preocuparem com as consequências disso, como sua amiga ou seu amigo que posta foto em um hotel ou restaurante caro, marcando o estabelecimento, justamente para dizer que está em um restaurante ou em um hotel caro, independentemente se está com o cartão de crédito estourado e pagando 300% de juros nas parcelas pedaladas em 12 vezes. Ao mesmo tempo, esses aplicativos e sites oferecem recursos que estimulam exponencialmente a exposição, como curtidas, comentários, compartilhamentos, *stories*, *lives*, etc.

Esses recursos geram uma sensação de recompensa e prazer, que fazem com que as pessoas queiram postar cada vez mais. É a gota de dopamina que eu falei no começo deste livro. Só que a superexposição também traz vários problemas e perigos, tanto para o psicológico quanto para a segurança e a reputação. Um desses riscos é a perda da privacidade, afinal, ao compartilhar detalhes da sua vida pessoal, você pode se tornar se tornar alvo de *stalkers*, *hackers* e golpistas. Esses criminosos poderão usar informações expostas para fins maliciosos, como roubar dados, extorquir dinheiro, chantagear, difamar, entre outras coisas.

Outro fator importantíssimo é a saúde mental. Isso é grave. O Brasil, segundo dados da Organização Mundial da Saúde (OMS), tem a geração mais ansiosa do mundo. Logo, ao se comparar com os outros nas redes sociais, com aquelas pessoas que postam imagens ultrafelizes, sorrindo, mesmo que, na realidade, estejam enroladas em uma estupenda vida de lixo, o usuário que vê a imagem pode desenvolver sentimentos de inferioridade, insatisfação e frustração, o que afeta diretamente a autoestima, a autoconfiança, o humor e a própria personalidade, contribuindo ainda mais para o surgimento ou o agravamento de transtornos mentais. "Como assim? Eles lá, felizes, sorrindo, viajando, e eu aqui, procurando algo na Netflix, sem saber o que fazer, comendo nissin miojo, nessa monotonia?". Esse é um típico conflito existencial que surge no mundo contemporâneo com as redes sociais. Só que na verdade, "eles" talvez não estejam tão felizes, os sorrisos podem ser forçados e a viagem pode estar uma bela bosta, exceto a foto, que está editada e bonita.

A superexposição também pode causar impactos na sua vida profissional. Lembre-se: tudo o que você posta, por mais que seu "Insta" seja fechado, está lá, na internet, para sempre, na pós-modernidade, tenha certeza de uma coisa. Antes de avaliar o seu currículo, todo recrutador fará uma análise na internet para garantir que não contratará um louco ou uma louca desvairada. Publicar ou curtir conteúdos polêmicos, ofensivos e impróprios tende a resultar em sérios danos à própria imagem e prejudicar seu futuro no mercado de trabalho. Muitas empresas, com razão, analisam os perfis nas redes sociais não só dos candidatos, mas também dos funcionários, e podem descartar ou demitir aqueles que tiverem uma conduta inadequada ou incompatível com os valores da organização. Não vivemos mais em uma ditadura, mas sabemos que o mundo corporativo é uma máquina de moer carne, um reduto de pessoas que querem crescer a todo custo.

Em geral, quando você chega aos 40 anos, meio cansado já, com insônia, de saco cheio, olheiras, mau humor, pensando apenas em ganhar o salário para pagar suas contas, percebendo que a vida, em geral, é difícil, que as pessoas morrem, que você tem que acordar, trabalhar, dormir, acordar, trabalhar, esperar as férias, voltar, trabalhar, dormir e apenas aceitar que em breve um jovem de 20 e poucos anos, com sangue nos olhos, ultramotivado e feliz, acreditando que será o futuro acionista da instituição, assumirá o seu lugar ou se tornará seu chefe, você já deixou de ser funcionário, passou a ser colaborador.

Desse modo, tenha cuidado e bom senso ao usar as redes sociais, evitando a superexposição e preservando a sua privacidade e a sua carreira enquanto ela exista. Faça isso ao menos até ganhar o clássico tapinha nas costas, talvez um agradecimento pelos anos ou décadas de serviços prestados e uma carinhosa mensagem: "Agora você pode passar no RH que eles acertarão tudo".

3.1 UMA CURTIDA OU UMA POSTAGEM PODEM ACABAR COM SUA CARREIRA

Em 2013, uma diretora de comunicação da InterActive Corp (IAC), proprietária de sites como match.com, Meetic, Vimeo e The Daily Beast, foi demitida depois de ter feito piada no Twitter com vítimas da Aids na África. "Indo para a África. Espero não contrair Aids. Brincadeira. Sou branca!", publicou ela antes de embarcar para a África do Sul. A mensagem, lida apenas por seus seguidores, então 200, foi encaminhada para um funcionário do site Buzzfeed.com, que lhe deu maior divulgação. Ao desembarcar, apagou a mensagem e sua conta no Twitter, mas o estrago já estava feito, e o comentário virou alvo de chacota e insultos nas redes sociais, tornando a *hashtag* #JustineSacco (Justine é o nome dela) uma das mais discutidas no Twitter.

Possivelmente, a diretora devia ser uma dessas menininhas mimadas, que acham que a vida é o seriado *Friends*, infantis, cheias de MBAs, que pensa única e exclusivamente no próprio umbigo e que alcançou o sucesso empresarial rapidamente puxando o saco das pessoas certas. Ademais, também demonstra o quanto o mundo corporativo, por mais que adore um discursinho de bom samaritano, não tem a mínima filtragem em quem são suas lideranças. É bem provável que a demitida teve que se mudar para o interior da Patagônia por alguns anos até que as coisas esfriassem, literalmente, mas nunca será esquecida.

Longe do comentário besta e pueril dela, o caso demonstra como devemos estar atentos a tudo que postamos em redes sociais. A primeira regra é: pense. Se for postar, pense outra vez. Avalie as consequências, tente não postar qualquer coisa polêmica sobre política e críticas sociais, e nunca, nunca, poste algo quando você estiver alcoolizado ou sob efeitos de remédios. Uma simples curtida no Instagram, ferramenta mais usada por boa parte das pessoas que conheço, pois trabalha com a imagem, pode, no mínimo, fazer com que você receba uma advertência, uma "chamada de atenção" ou um cancelamento, caso for uma pessoa minimamente pública.

Imaginem comigo: diante da polarização que existe no Brasil e que só terminará, na minha opinião, quando Lula ou Bolsonaro falecerem, se você der um coração, mesmo sem querer (naquele momento em que o celular cai na sua cara após ter tomado um comprimido de zolpiden), em uma postagem petista, você será taxado de "comunista". O contrário, se for em uma postagem da direita, você será inevitavelmente considerado um "fascista".

Como salientei anteriormente, o *print* é eterno e aquele seu coleguinha de trabalho invejoso que quer tomar o seu lugar pode enviar para o seu chefe, com toda uma tese argumentativa sugerindo que você deve ser, no mínimo, advertido, pois isso não "cabe mais atualmente". E não se esqueça de que estamos rodeados de filhos da puta e que amigos de verdade são uns dois ou três. Regra da vida que você aprende depois dos 40 anos.

Reitero que a curtida ou a opinião nas redes sociais têm um impacto ainda mais significativo na vida de uma pessoa, acima de tudo se se tornarem virais e compartilhadas por muitas pessoas, como foi o caso da diretora de comunicação demitida. Basicamente, se alguém publica uma opinião negativa sobre uma pessoa ou difama seu caráter, isso pode levar a uma onda de comentários negativos e ataques virtuais; se um empregador, em potencial ou atual, encontrar uma opinião polêmica ou controversa nas redes sociais de uma pessoa, isso pode afetar a reputação profissional dela e até mesmo prejudicar suas chances de conseguir uma promoção ou outro emprego; opiniões controversas ou curtidas em postagens ofensivas podem afetar os relacionamentos pessoais de alguém; dependendo do conteúdo curtido ou da opinião expressa, uma pessoa pode enfrentar consequências legais, como processos por difamação, calúnia ou violação de privacidade. E não pense que você não é ninguém. Hoje, se você compartilhar algo grave, polêmico, ofensivo, mesmo com pouquíssimos seguidores, pode se espalhar pelas redes sociais, alcançando um grande número de pessoas e resultando em um linchamento virtual, que é basicamente quando vários se unem para atacar a pessoa responsável pela postagem.

Portanto, senhoras e senhores, é fundamental ter cuidado com o que se curte ou comenta, pois redes sociais têm um alcance amplo e duradouro. O que é compartilhado ou curtido pode ser facilmente capturado, sendo difícil apagar completamente. Não queira ser a próxima vítima e muito menos tentar aplicar a clássica frase "Fui hackeado" para se desculpar, como já vi muitos por aí. Ninguém irá acreditar em você. Não seja besta.

3.2 CUIDADO AO COMPARTILHAR ÁUDIOS

Eis aqui outro tema com o qual devemos ter cuidado redobrado. Quando ingressei em uma empresa, há alguns anos, profissionalizei as redes sociais da organização, que até então seguia milhares de pessoas, especialmente funcionários. Em um determinado dia, no meio de uma correria enorme, participando de um evento fora da empresa, recebi uma mensagem escrita de um colega de outro setor, perguntando o que havia acontecido, pois eu estava deixando de seguir as pessoas da empresa. Respondi, em um áudio – rapidamente, pela falta de tempo para digitar –, que, como coordenador de comunicação, estava profissionalizando as redes sociais e citei: "Nosso Instagram tem que ser profissional. Olhei e está cheio de mulheres de biquíni, na praia. Volta e meia, em razão das *lives*, que foram muito comuns no período da pandemia de Covid-19, alguns funcionários acessavam a senha do Instagram para fazerem *login*, mas não se deslogavam. Tomei essa atitude ao ver, em determinada situação, que o nosso perfil tinha curtido perfis de bundas de mulheres, possivelmente um dos caras que fez alguma *live*".

O "colega", carinhosamente, teve a grande ideia de encaminhar meu áudio para a colega que havia o questionado sobre o motivo de o perfil da instituição estar deixando de seguir pessoas (é bem provável que ela tinha um desses aplicativos que mostram quem deixava de segui-la). Bom, não preciso falar mais nada. Imaginem o que aconteceu. Em uma noite, cheguei em casa, abri meu Instagram pessoal e vi que havia um textão escrito por essa menina, primeiramente apresentando-se como colega, dizendo que era uma das meninas que era seguida pelo perfil da instituição e uma das meninas que postava fotos de biquíni. Entre inúmeras outras coisas, ela resumiu que eu era um grande machista.

Abri o perfil dela para saber com quem eu estava lidando e ela já havia postado, em poucos minutos, alguns *stories* com uma enquete: "Vocês também sofrem machismo no trabalho?". Fiquei, claro, apavorado com as proporções que o fato estava tomando. Humildemente, pedi o telefone na resposta do textão, liguei para ela e expliquei que estava apenas profissionalizando as redes sociais. Disse que não era machista, que meu intuito era evitar que o nosso perfil curtisse certos tipos de fotos, que muita gente estava usando o perfil para fazer *lives*, que eu não podia trocar a senha do Instagram todo o santo dia, correndo o risco de ser bloqueado pela plataforma etc., etc., etc. Em seguida, telefonei para meu chefe e disse: "Talvez você tenha que me demitir". Fiz isso porque, por mais que eu explicasse minha atitude, seria taxado de machista, misógino e tudo mais que fosse possível pelos seguidores dela, por colegas de trabalho, entre outros. Não havia como me explicar. Como me defender? Quem daria bola para o "meu espaço de fala" quando uma mulher estava me acusando de machismo nas redes sociais? Amplio. E se essa garota, tomada pela raiva, baixasse meu áudio e o mandasse anexado para o e-mail corporativo (aquele que vai para milhares de funcionários) com um sugestivo título: "Ouçam como age o chefe de comunicação da nossa instituição, conosco, mulheres!".

Felizmente ela me procurou, e depois da nossa conversa apagou os *stories* sobre o tema e tudo ficou calmo. Mas pensem e imaginem a merda que isso poderia ter dado. Estive, talvez, perto de ser demitido, caso isso ganhasse proporções maiores. Dificilmente eu conseguiria um emprego após ser acusado de machismo, teria que sumir do mapa por pelo menos um ano e toda a minha história profissional, meus mais de 35 prêmios jornalísticos, minhas inúmeras coberturas jornalísticas nacionais e internacionais, os mais de 10 anos que tive que acordar diariamente às 4h para entrar no ar, no rádio, seriam resumidos ao "cara que foi demitido por machismo". Obviamente iria processá-la, o "amigão" que enviou o áudio e todos mais que surgissem na minha frente. Como diz um conhecido meu: "Se é para cair, que caia atirando". Mas nesse caso, minha batalha, ao menos profissional, já estava perdida.

Esse exemplo, vivenciado por mim, demonstra que no ímpeto, na pressa, gravamos áudios, mas não sabemos o que será feito com ele, em que contexto ele poderá ser encaminhado e até mesmo editado. Estendo, ainda, esse tema, para pessoas que adoram dar um *print* na conversa do WhatsApp e compartilhar com alguém, achando que tudo ficará entre duas pessoas. Pior ainda se for em um grupo em que há mais de duas pessoas. Essa é uma questão interessante e importante. Vou tentar explicar.

Em síntese, gravar áudio e enviar *prints* de conversas, caros amigos, são atitudes que podem ser consideradas provas em alguns casos e violar a privacidade, a intimidade e a honra das pessoas. Além disso, esses materiais podem ser manipulados, editados, falsificados ou usados totalmente fora de contexto, como no meu caso, causando enormes danos.

Tenham em mente que quando gravamos um áudio ou tiramos um *print* de uma conversa, estamos registrando um momento específico e momentâneo de uma comunicação, que pode ter sido motivada por diversos fatores, como pressa, estresse, emoções, sentimentos, opiniões, brincadeiras, ironias e assim por diante. Esses fatores podem não ser compreendidos por quem não participou da conversa ou não conhece o contexto em que a comunicação ocorreu.

Se esses registros forem compartilhados com outras pessoas sem a autorização ou o conhecimento de quem os emitiu, podem gerar mal-entendidos, constrangimentos, acusações, chantagens, extorsões e tudo de pior que se possa imaginar. E como quase aconteceu comigo, podem afetar a reputação de uma pessoa. Além disso, com o mar de possibilidades existentes na internet, esses registros podem ser alterados ou adulterados por meio de programas ou aplicativos que conseguem cortar, colar, inserir, excluir ou modificar partes do áudio ou da conversa, mudando o sentido ou o conteúdo original. E agora, com a inteligência artificial, para quem ainda não sabe, a voz de uma pessoa pode, inclusive, ser inserida em um texto no formato de narração, com alterações extremamente realistas por quem gravou, por quem recebeu ou por terceiros, com o intuito de enganar, prejudicar, difamar, injuriar ou caluniar alguém.

Portanto, além dos cuidados e da responsabilidade ao gravar um áudio ou enviar um *print* de uma conversa, esses atos trazem consequências jurídicas, civis ou penais para quem os realiza. Se você não confia na pessoa (com o passar dos anos confiamos menos nas pessoas e desconfiamos até de nós mesmos), antes de gravar um áudio ou enviar um *print* de uma conversa pergunte-se:

Eu tenho o consentimento ou o conhecimento das outras pessoas envolvidas?

Eu estou respeitando a privacidade, a intimidade e a honra das outras pessoas?

Eu estou disposto a arcar com as possíveis consequências do meu ato?

Isso parece tão besta, mas é necessário falar. Hoje, em qualquer lugar em que estamos, sempre tem alguém gravando áudios pelo smartphone, falando alto, como se os outros que estão ao redor devessem ser seus ouvintes também. Escrevo este capítulo, neste momento, no Aeroporto Santos Dumont, no Rio de Janeiro, enquanto aguardo uma interminável peregrinação para São Paulo e mais tarde para Porto Alegre. Já presenciei, no mínimo, umas 15 pessoas completamente sem noção, gravando e contando, para seus receptores, até a cor dos fundilhos da calça, em sua maioria em tom alto. Já não bastasse a chatice dos aeroportos, temos isso agora. Parecem sentir prazer. Parecem ter orgasmos por serem ouvidas por todos. Falam como se estivessem sozinhas, na sala de suas casas.

Confesso que neste momento estou com vontade de furtar os smartphones e jogar dentro de uma máquina que vende chocolate quente, que está próxima a mim, há poucos metros. Essas máquinas, que devem cobrar uns R$ 80 por um minicopo de chocolate e um pão de queijo murcho e frio. Os smartphones mergulhariam no reservatório de chocolate, que tem uma espécie de espátula automática que fica girando, seriam descartados e adocicados.

Talvez eu apanhasse, fosse detido, alvo de uma condução coercitiva, mas seria legal ver a reação dessas tiazinhas que berram ao telefone e dos rapazes que gravam impostando a voz, como se estivessem apresentando um programa de rádio. E pior! Se não bastasse, gravam e depois ouvem o áudio que gravaram. Talvez queiram seduzir alguém.

Tudo isso em um local repleto de pessoas, já estressadas com a espera pelo voo, sentadas em cadeiras duras, tomando sustos a cada três minutos com o som alto vindo do microfone e de caixas de som completamente distorcidas, na entrada dos portões de embarque, com funcionários das companhias aéreas, primeiramente repassando orientações em português e logo depois assassinando o inglês. A educação foi para o limbo e para muitas pessoas um zoológico combinaria melhor que um aeroporto.

3.3 NÃO SEJA CHATO! NINGUÉM QUER OUVIR SEUS ÁUDIOS LONGOS

Para além dos cuidados em enviar áudios, como já citei, questiono vocês se existe coisa mais chata do que aqueles áudios de três, quatro, cinco minutos. Eu já recebi um de 17 minutos. Foi no meu trabalho. Tudo bem que o cara sempre foi "um pouco" prolixo, mas não imaginei que fosse tanto. Pensei na esposa dele. Pobre esposa. Todavia ela tem a vantagem de não precisar falar e apenas ouvir, se ainda existir amor. Caso contrário, ele corre sério risco de ser assassinado por ela em algum dia de fúria.

O certo é que exceto que você tenha uma voz leve e que transmita paz como Aretha Franklin, Norah Jones, Ella Fitzgerald e Nina Simone, as pessoas não estão interessadas em ouvir seus longos áudios. Se você tem esse vício, invista em um *podcast*, quem sabe.

Aqui, saliento que as pessoas devem evitar enviar áudios longos no WhatsApp por várias razões. Primeiramente, o formato de áudio não é ideal para transmitir informações complexas ou extensas. Isso é básico. Tecnicamente falando, ao enviar um áudio longo, a qualidade pode ser comprometida. Isso ocorre porque a compressão do áudio pelo aplicativo resulta em perda de clareza e distorção do som. Sem falar que áudios longos podem ser difíceis de acompanhar, sobretudo se o receptor estiver ocupado ou não puder ouvir o áudio imediatamente. E se a pessoa precisar ouvir o áudio em um momento posterior, pode não se lembrar de todos os detalhes mencionados, o que pode levá-la a uma compreensão incompleta da mensagem ou até mesmo a uma interpretação errônea.

Há certos casos em que a falta de clareza na gravação ou a presença de ruídos de fundo acabam dificultando a transcrição precisa das palavras, o que pode distorcer o significado original da mensagem. E enquanto quem envia o áudio acredita estar exercendo uma forma eficaz de comunicação, quem o recebe pode estar imerso em outras tarefas, sem tempo ou oportunidade para escutar o conteúdo naquele momento, já que vivemos em um mundo cada vez mais alucinado. Aqui, o dilema se instala quando o remetente, ansioso por uma resposta, começa a monitorar o status on-line do receptor. Minutos se passam e nada. A ausência de uma resposta rápida gera uma cascata de incertezas: "Será que ele não gostou do que eu disse?", "Por que não respondeu ainda?", "Será que não ouviu?".

Esse cenário revela uma desconexão na comunicação. Enquanto o emissor do áudio deposita ali seus pensamentos de forma espontânea e detalhada, o receptor, envolvido em suas próprias urgências, muitas vezes não pode dedicar o tempo necessário para ouvir a mensagem de imediato, ainda mais se ela tiver 17 minutos. Assim, o que era para ser uma ferramenta prática de comunicação acaba se transformando em uma fonte de ansiedade.

Ora, o WhatsApp, com sua proposta de instantaneidade, foi desenhado para facilitar a vida, não para adicionar mais uma camada de complexidade ao cotidiano, já atribulado. Se for necessário transmitir informações extensas ou complexas, voltemos ao mundo real e ao passado e optemos por outros meios de comunicação, como chamadas de voz, o velho telefonema ou videoconferências, se você quer muito mostrar sua beleza para a outra pessoa. A interação em tempo real permite melhor compreensão e evita problemas de qualidade e interpretação.

A comunicação deve ser um ato de consideração mútua, respeitando o tempo e o contexto do outro. Mandar um áudio enorme sem considerar a disponibilidade do receptor é, em certo sentido, impor ao outro uma obrigação de parar o que ele está fazendo para dar atenção ao que você quer dizer. Desse modo, na era da comunicação instantânea, brevidade e clareza são as chaves para mantermos nossas conversas leves e produtivas, sem transformar uma simples troca de mensagens em um fardo.

A modernidade já trouxe à tona o famoso "chato do textão", aquele cidadão que costuma discorrer teses sobre os mais diversos assuntos, muitas vezes extremamente rasas, sem o mínimo conhecimento, clareza e profundidade sobre o tema. Não seja você o chato do "audião".

Por último, nunca envie um áudio para alguém sem dar antes um bom dia, uma boa tarde ou uma boa noite e perguntar: "Posso mandar um áudio rapidinho?". É o mínimo que se espera. Se a pessoa responder que sim, tudo bem. Caso contrário, respire, acalme o coração, espere o tempo certo e, quem sabe, pense na ideia do *podcast*.

CAPÍTULO 4

USO EXCESSIVO DAS REDES SOCIAIS E DOS SMARTPHONES

Estamos em um mundo em que o tempo parece escorrer pelas mãos, em que as preocupações se multiplicam como pragas e as rotinas exaustivas drenam a energia vital que nos resta. Em meio a esse caos moderno, os smartphones e as redes sociais surgem como uma fuga tentadora, prometendo entretenimento, conexão e uma sensação ilusória de pertencimento. No entanto essa promessa esconde um custo oculto que poucos estão dispostos a reconhecer: o aprisionamento digital.

O uso excessivo de smartphones e redes sociais tem se infiltrado nas brechas de nossas vidas já abarrotadas, consumindo momentos que poderiam ser dedicados a atividades que realmente nos tragam satisfação e paz. Cada notificação, cada curtida, cada mensagem instantânea nos arrasta para um abismo de superficialidade, em que a ansiedade se alimenta da constante necessidade de estar conectado, informado, "curtido". O que deveria ser uma ferramenta para facilitar a comunicação e o acesso à informação se tornou uma prisão invisível, na qual o tempo de qualidade é sacrificado em troca de uma distração efêmera.

A ironia cruel é que em busca de aliviar o estresse de uma vida sobrecarregada, acabamos por adicionar mais uma camada de ansiedade e exaustão ao nosso cotidiano. Tornamo-nos escravos de um ciclo interminável de atualizações e interações digitais, que nos mantêm presos em um estado de constante alerta, impedindo-nos de desligar, de respirar, de viver o presente com plenitude.

Desligar-se das redes sociais e largar o smartphone, mesmo que temporariamente, é um ato de resistência. É uma escolha consciente de recuperar o controle sobre o próprio tempo, de redescobrir o prazer em atividades simples e significativas, como ler um livro, caminhar na natureza, ou simplesmente estar presente com as pessoas que amamos. Longe das telas redescobrimos a capacidade de nos conectar de verdade, de sentir, de criar, de ser. O mundo pós-moderno, no entanto, parece ter nos programado para acreditar que a vida on-line é a única vida que vale a pena ser vivida.

Milhões de pessoas, presas a seus smartphones, agem como robôs, como se a existência real fosse um mero intervalo entre uma postagem e outra, entre uma notificação e outra. Tornamo-nos máquinas de carne e osso, incapazes de nos desconectar, de vivermos o momento presente, de encontrarmos prazer em algo que não seja mediado por uma tela. Essa distopia digital, penso, precisa ser confrontada. Redescobrir a alegria de viver fora das redes, de viver fora dos smartphones, de nos reconectarmos com a nossa humanidade parece estar se tornando cada vez mais difícil. É um desafio, independentemente da idade. É escapar do aprisionamento digital e redescobrir o verdadeiro significado da liberdade.

Não é por acaso que nos últimos anos tem se falado muito sobre o termo detox digital, ou seja, desconectar-se das redes sociais e do mundo on-line por um período de tempo, para reduzir os efeitos negativos da hiperconectividade. Nesse turbilhão do mundo contemporâneo, em que a conexão virtual se tornou a regra e a desconexão, a exceção, estamos nos transformando em meros passageiros da vida, navegando por paisagens que não conseguimos apreciar plenamente porque estamos obcecados em capturar, filtrar e compartilhar cada momento. Em vez de viver o presente, estamos constantemente nos preparando para apresentá-lo aos outros, como se a realidade precisasse da validação de curtidas e comentários para ter significado.

Um exemplo emblemático dessa desconexão é o turismo moderno. Viajar, que deveria ser uma experiência enriquecedora, tornou-se uma corrida contra o tempo para produzir o melhor conteúdo. Ao invés de admirar uma paisagem deslumbrante, estamos mais preocupados em encontrar o ângulo perfeito, em ajustar o filtro certo e garantir que a imagem resultante seja digna de compartilhar nas redes sociais. O valor de uma viagem parece ter sido reduzido ao número de interações digitais que ela gera. A consequência? Mal conseguimos sentir a grandiosidade do momento, pois estamos ocupados demais tentando capturá-lo para outros verem.

O detox digital emerge como uma necessidade vital para resgatar a autenticidade da nossa experiência no mundo. É um chamado para que deixemos de lado a obsessão por registros superficiais e voltemos a nos conectar com o presente de forma genuína. Precisamos reaprender a viajar por nós mesmos, não para os outros. A sentir a textura do tempo, o calor do sol, o som do vento, sem a compulsão de transformar cada sensação em um *post*. Esse detox não significa rejeitar a tecnologia, mas estabelecer limites saudáveis. É uma questão de resgatar o controle de nossas vidas, de decidir quando estar off-line para, paradoxalmente, vivermos mais intensamente. Sem essa pausa corremos o risco de estarmos sempre à mercê de uma tela.

O que é mais preocupante é que essa superficialidade está começando a definir o que consideramos valioso. Se uma experiência não é compartilhada, ela perde seu valor? Essa dependência da aprovação alheia rouba de nós a liberdade de sermos plenamente humanos, de vivermos momentos únicos que pertencem apenas a nós. O detox digital é, portanto, um ato de rebeldia contra essa superficialidade imposta. É uma declaração de que nossas vidas têm valor intrínseco, independentemente de estarem registradas ou não. Somente ao nos libertarmos dessas amarras digitais podemos redescobrir o prazer de vivermos para nós mesmos, de sermos protagonistas de nossas próprias histórias, vividas intensamente e apreciadas em sua plenitude.

4.1 ENFIE A PORRA DO SMARTPHONE NO BOLSO (NO MODO SILENCIOSO) E OLHE NOS OLHOS DAS PESSOAS

Imaginem uma reunião de amigos, um almoço em família, um encontro qualquer, enquanto todos conversam, você, com um bloquinho escrevendo coisas aleatórias com uma caneta. Com certeza, as pessoas ficariam atônitas, imaginando que você tem algum tipo de esquizofrenia ou que é acometido de um grave problema para interações sociais. Perguntar-se-iam, no mínimo, por que você não está interagindo.

Só que no mundo contemporâneo isso não existe. O smartphone faz parte da vida das pessoas e se tornou normal usá-lo em qualquer situação, inclusive nos exemplos citados por mim. Ninguém mais estranha. Você pode ficar sentado num grupo de amigos, mexendo no celular, que todos acharão normal, afinal, todos tendem a fazer o mesmo em algum momento. Basta uma notificação e pronto: lá estão eles, os "espertalhões", imersos no ecrã, ignorando por completo quem está à sua frente. Não importa mais onde estão – o telefone sempre ganha. E, claro, quem está ao lado? Ora, que espere! Afinal, a mensagem no WhatsApp, a foto nova no Instagram ou o e-mail do "último minuto" são prioridades infinitamente maiores, não é? Nada grita mais "má educação" do que aquela pessoa que, mesmo presente, demonstra estar completamente alheia.

Porém não se engane, não é a tecnologia o problema – é o comportamento de quem, sem o mínimo de respeito, esquece de uma regra básica de convivência: olhar nos olhos dos outros e prestar atenção. Mas não, parece que essas pessoas são incapazes de resistir ao toque vibrante do smartphone no bolso, como se fossem criancinhas com um novo brinquedo recebido no Dia da Crianças, incapazes de largar o mimo por cinco minutos. Será que ninguém ensinou que existe algo chamado modo silencioso? Talvez isso seja pedir demais.

O interessante é que, com esse comportamento, essas pessoas não só transmitem a ideia de que não estão interessadas no que está acontecendo ao seu redor, como também demonstram uma falta gritante de educação. Por que não ficam em casa, agarrados aos seus telefones móveis, se é tão difícil prestar atenção nos outros?

É claro que é muito mais fácil se distrair com uma tela luminosa do que com a conversa ou o ambiente à sua volta, mas isso não significa que é aceitável. E o mais "engraçado" de tudo? Vivemos numa era em que estar permanentemente conectado parece ser sinônimo de produtividade ou "modernidade". Ora, que belo exemplo de pós-modernidade! Estar fisicamente presente, mas mentalmente ausente, como se o mundo virtual tivesse mais valor do que as pessoas reais. E o pior? Muitos já consideram esse comportamento normal – uma infeliz marca dos novos tempos.

Mas não, não é normal. E não, não está certo. O mínimo que podemos esperar de uma interação social, seja ela profissional ou pessoal, é que as pessoas estejam genuinamente presentes. É preciso resgatar o bom e velho olho no olho, a conversa sem interrupções tecnológicas, porque, no final das contas, se é para estar de corpo presente e mente ausente, é melhor nem sair e manter-se em seu casulo, não é?

Para mim, o pior de tudo é o momento da refeição. Certamente, vocês já saíram com alguma pessoa que naquele momento, que deveria ser de apreciação e degustação, não consegue sequer deixar o telefone no bolso. Ele fica sobre a mesa. Justamente aquele momento sagrado do dia, em que as pessoas deveriam relaxar, saborear a comida e, por alguns minutos, esquecer as pressões da vida. Mas, claro, para alguns parece que largar o smartphone é um sacrifício impensável, quase heroico! Quem precisa apreciar uma refeição com calma quando se pode engolir tudo às pressas, enquanto responde àquela mensagem "urgentíssima", ou desliza sem parar pelo *feed* das redes sociais? Parece até que o prato vai esfriar, não é mesmo? Ou pior, que o mundo vai acabar se a resposta não for dada imediatamente.

A ironia é clara: as pessoas mal conseguem mastigar direito, quanto mais apreciar o que têm no prato. Será que nem se lembram de que almoçar deveria ser uma das poucas pausas genuínas ao longo do dia? Que é um dos poucos momentos em que podemos nos conectar, não com a internet, mas com os sentidos? Mas não, é mais importante verificar a última notificação ou ver quem curtiu aquela foto sem graça. Afinal, quem se preocupa com o gosto da comida, com a textura ou com o prazer de uma boa refeição? Mastigar bem e comer com calma? Só para os desatualizados.

O mais divertido – se é que posso chamar assim – é a pressa com que essas pessoas lidam com tudo. Parece que o prato de comida virou uma corrida contra o tempo. Comem como se fossem filhotes de cães ao receberem ração pela primeira vez, praticamente sem mastigar. Vão tão rápido que logo se esquecerão de almoçar completamente, prisioneiros da tela do smartphone. Depois não adianta nada correr para os exames médicos e reclamar quando descobrirem que os triglicerídeos estão lá nas alturas, o colesterol fora de controle e a saúde um caos. Mas será mesmo surpresa? Tanta porcaria comida às pressas, sem o mínimo de consciência, só poderia dar nisso. A dica é simples: larguem o telefone, respirem fundo e comam com calma. Do jeito que as coisas andam, daqui a pouco vão estar vivendo à base de notificações e *fast food* – sem sabor, sem saúde e sem noção.

Havia uma época em que as filhas das classes mais abastadas eram enviadas para cursos de etiqueta social. Aprendiam a colocar os garfos e facas no lugar exato, a sorrir com elegância, a caminhar com graciosidade e, quem sabe, a sonhar com o príncipe encantado – ou melhor, com um marido rico, o que, convenhamos, era o verdadeiro objetivo oculto dessa "preparação refinada". Sim, os pais investiam em suas pequenas damas com a esperança de que elas soubessem como se portar na alta sociedade e, quem sabe, fisgar aquele nobre ou empresário abastado. Afinal, saber o que fazer com um garfo de peixe ou uma taça de vinho era quase como ter uma senha para um futuro de luxo e segurança financeira. Que sonho nobre, não?

Mas, vejam só, os tempos mudaram. Hoje em dia, ninguém mais parece tão preocupado em como segurar um talher. Talvez porque ninguém tem tempo para tal frivolidade, ocupados que estão em devorar tudo rapidamente entre uma notificação e outra do smartphone. Aliás, pergunto-me se não seria urgente reintroduzir cursos de etiqueta – mas não aqueles antigos, claro. Precisamos, mais do que nunca, de um curso de etiqueta digital! Sim, um verdadeiro manual de boas maneiras para o século XXI. Porque, convenhamos, estamos à beira do caos completo, reféns dos nossos smartphones e escravizados por um dilúvio de redes sociais, aplicativos de mensagens e *feeds* infinitos. Talvez o curso nem deveria ser chamado de etiqueta virtual, mas simplesmente de bom senso.

Chegamos a um ponto em que as interações reais foram colocadas em segundo plano, quase como se fossem um incômodo. Para que olhar nos olhos de alguém quando se pode manter a cabeça enfiada no telemóvel, verificando uma nova notificação que, com certeza, deve ser algo de extrema relevância? Que maravilha!

Uma geração inteira de pessoas que não consegue passar alguns poucos momentos sem checar o dispositivo mágico que carregam no bolso, ignorando completamente o mundo a sua volta. Uma bela demonstração de como progredimos.

Ah, se ao menos tivéssemos um novo tipo de etiqueta, um código de conduta para ensinar essas almas perdidas a viverem no mundo real! Quem sabe algo como: "Desligue o telemóvel enquanto conversa com alguém", ou: "Não passe a refeição inteira mexendo no Instagram". Coisas simples, mas que parecem ter sido esquecidas no caminho. Afinal, estamos cada vez mais distraídos, cada vez menos presentes.

E, aqui, não posso deixar de citar o filósofo Byung-Chul Han, que em sua obra *A sociedade do cansaço* discorre brilhantemente sobre a tirania do desempenho e do excesso de estímulos digitais. Han nos alerta que no afã de estarmos permanentemente conectados, tornamo-nos exaustos, ansiosos e alienados. Segundo ele, vivemos numa bolha de produtividade constante e superficial, em que a qualidade das interações se perde entre a enxurrada de *likes*, mensagens instantâneas e notificações. [5]

Então, sim, meus caros, repensem o uso desses dispositivos tão adorados porque, se continuarmos assim, quem sabe? Daqui a alguns anos, os exames de saúde não estarão apenas medindo o colesterol, mas também o nível de alienação causada por uma dieta constante de redes sociais e distrações digitais.

Mas, no fundo, caros amigos e amigas, quem se importa? Afinal, a próxima notificação já está a caminho...

---

[5] HAN, Byung-Chul. *Sociedade do cansaço*. Petrópolis: Vozes, 2017.

4.2 SILENCIE OU BLOQUEIE SEM DÓ

Essa é um ponto muito importante, pois as redes sociais fazem parte da nossa vida e podem influenciar o nosso bem-estar. Bloquear ou ignorar nas redes sociais pessoas que nos fazem mal e tomam nosso precioso tempo é, no meu ponto de vista, uma forma de se proteger de possíveis danos emocionais, psicológicos ou até mesmo físicos. Confesso: após anos e anos, aprendi e apliquei.

Meu celular, particularmente, está sempre com as notificações do WhatsApp desativadas e no silencioso. Ligações de números que não conheço, não atendo. Foi uma forma de me proteger e manter uma mínima saúde mental. Como falei, aprendi com o tempo, sobretudo ao ver que semanalmente o iPhone me enviava um relatório informando que eu havia ficado cinco ou até seis horas por semana, em média, usando o smartphone. Pensei: "Cara, que merda toda é essa? Quantos livros eu poderia ter lido nesse tempo? Quantas horas de estudo eu poderia ter me dedicado nesse tempo? Poderia, por exemplo, ter feito uma hora de francês, mandarim, alemão ou alguma outra língua, uma hora por dia, ao invés de ficar preso numa porra de equipamento móvel que torrou, no mínimo, cinco horas da minha semana.

Se você já se deu conta de quanto está perdendo de tempo com futilidades virtuais ao invés de aplicar esse tempo em coisas mais úteis, talvez fosse interessante começar, inicialmente, a ignorar pessoas que torram seu saco, em especial aquelas que costumam mandar mensagens independentemente do horário, sem a menor cerimônia, como se suas vidas fossem tão urgentes quanto uma cirurgia cardíaca.

Quem nunca acordou no meio da noite com o som irritante de uma notificação, apenas para descobrir que o gênio do outro lado estava perguntando algo absolutamente trivial? E depois, ainda se espantam quando você não responde de imediato! A solução? Bloqueie sem dó. Já é um primeiro passo. Só não indico bloquear no WhatsApp o seu chefe principal caso queira manter o emprego. E mesmo assim, se for muito grave, ele irá lhe telefonar. Os subchefes, você pode apenas silenciar. De resto, sim, bloqueie. Mesmo que o remetente da mensagem tenha uma crise de ansiedade digna de um adolescente rejeitado ou chore como um bebezinho porque você não respondeu no prazo que ele considera adequado.

A verdade é simples: essas pessoas ainda não aprenderam a viver no século XXI com um pingo de noção. Para elas, qualquer pensamento que passe pela cabeça, seja às 2h ou no meio de um domingo, é urgente. Então, nada de culpa – um bloqueio estratégico pode fazer milagres pelo seu bem-estar mental. E aqui vai um pequeno segredo que só os sábios conhecem: depois de alguns meses de prática, você perceberá que nada é urgente. Não, nada. A não ser que sua mãe, seu pai, sua esposa, seus filhos ou alguém que você verdadeiramente ame, morra. Mas não se preocupe. Se isso realmente acontecer, a notícia vai chegar até você de alguma forma, sem que você precise viver com a porra do smartphone colado à mão o tempo todo. É incrível, mas o mundo parece ter funcionado perfeitamente antes de termos esses dispositivos infernais que nos fazem pular a cada notificação. E acredite, ele continua a funcionar, mesmo quando você desliga o som ou até mesmo desliga o aparelho por completo.

Agora, claro, você pode se perguntar: e se o bloqueado perceber? E se ele começar a se questionar por que nunca mais teve retorno para suas importantíssimas mensagens? Bem, isso é um problema dele. Quem sabe, no fundo, esse toque de "silêncio" seja o choque de realidade que ele precisava para finalmente aprender a respeitar os horários alheios e as barreiras mínimas da convivência social.

Portanto, se você quer se livrar dessa sensação de escravidão moderna, bloqueie sem piedade. Bloqueie sem dó! Aos poucos, você perceberá o quão libertador é recuperar o controle do seu tempo sem a constante tirania das notificações. Deixe o seu smartphone de lado e lembre-se: as coisas realmente urgentes na vida sempre encontram um jeito de chegar até você. O resto? Bom, o resto é só ruído.

CAPÍTULO 5

COMUNIQUE-SE DE FORMA ASSERTIVA

No mundo contemporâneo, em que o brilho de uma tela ilumina mais rostos do que o sol da manhã, a comunicação ganhou um novo significado – ou melhor, uma nova distorção. As redes sociais, como um grande labirinto digital, aprisionaram a capacidade de diálogo genuíno, transformando interações humanas em uma sequência de curtidas e compartilhamentos. Diante dessa realidade, não é surpreendente que muitos se sintam sozinhos em meio a um mar de "amizades" virtuais, em que o afeto é medido em emojis e a empatia se perde entre mensagens de texto.

Esse talvez seja o capítulo "gratiluz" deste livro. Sem ironias, sem sarcasmos, possivelmente sem muita graça, mas muito necessário, já que estamos falando em uma comunicação decente, correta e longe dos dispositivos móveis e redes sociais.

Confesso que não gosto muito do termo "comunicação assertiva", mas é assim que é tratada a capacidade de se expressar de forma clara, objetiva e coerente, de maneira a ser bem compreendido. A comunicação assertiva, portanto, surge como um antídoto necessário nesse cenário de adição digital.

Para que possamos nos reconectar de forma genuína, precisamos resgatar a clareza e a simplicidade nas nossas interações. Não é apenas uma técnica, é uma necessidade. Para que possamos nos reconectar de forma significativa, precisamos ser intencionais em nossas interações. Isso envolve ouvir ativamente, o que significa não apenas esperar a nossa vez de falar, mas realmente absorver o que o outro está dizendo.

Na pós-modernidade, a assertividade se tornou uma habilidade essencial para interações saudáveis e produtivas. A comunicação assertiva vai além de simplesmente expressar o que pensamos; trata-se de fazê-lo de maneira clara, respeitosa e eficaz, garantindo que nossas necessidades e nossos sentimentos sejam ouvidos e valorizados sem desconsiderar os dos outros.

Um dos pilares da comunicação assertiva é a clareza. Mensagens confusas ou excessivamente elaboradas podem levar a mal-entendidos. Por exemplo, ao invés de enviar um e-mail longo e cheio de jargões para um colega, a abordagem assertiva seria optar por uma mensagem direta, como: "Oi, preciso da sua ajuda para revisar o relatório até sexta-feira. Podemos nos encontrar amanhã para discutir isso?". Essa formulação é clara e fornece um prazo específico, facilitando a compreensão e a resposta.

O USO DE "EU" E EVITAR ACUSAÇÕES

A maneira como expressamos nossos sentimentos e nossas necessidades também é crucial. Usar declarações que começam com "eu" em vez de "você" ajuda a evitar que o outro se sinta atacado. Por exemplo, ao invés de dizer: "Você nunca me escuta", uma abordagem mais assertiva seria: "Eu me sinto ignorado quando não recebo retorno sobre minhas mensagens". Isso expressa a emoção sem culpar diretamente a outra pessoa, promovendo um diálogo mais aberto.

ESCUTA ATIVA

A comunicação assertiva não se trata apenas de falar, mas também de ouvir. A escuta ativa envolve prestar atenção total ao que o outro está dizendo, reconhecendo suas emoções e respondendo de maneira apropriada. Por exemplo, se um amigo compartilha uma preocupação, ao invés de interromper com soluções imediatas, você pode responder: "Entendo que isso é difícil para você. Pode me contar mais sobre como você se sente?", Essa abordagem não só valida os sentimentos do outro, como constrói um espaço seguro para a conversa.

MANUTENÇÃO DA CALMA EM CONFLITOS

Conflitos são inevitáveis, mas a forma como os enfrentamos faz toda a diferença. Durante uma discussão é fundamental manter a calma e evitar reações impulsivas. Em vez de gritar ou se retirar, uma resposta assertiva poderia ser: "Estou me sentindo frustrado com essa situação. Vamos tentar resolver isso juntos". Essa postura demonstra disposição para resolver o problema em vez de ampliar a tensão.

ESTABELECIMENTO DE LIMITES

Compreender e comunicar nossos limites é uma parte vital da assertividade. Por exemplo, se um colega de trabalho frequentemente interrompe suas tarefas, uma resposta assertiva seria: "Eu aprecio sua vontade de colaborar, mas preciso de um tempo sem interrupções para concluir este projeto. Podemos falar mais tarde?". Isso estabelece um limite claro e comunica a necessidade de um espaço para focar.

EMPATIA E RESPEITO

Por último, a comunicação assertiva deve sempre ser acompanhada de empatia e respeito. Isso significa reconhecer as emoções e as perspectivas dos outros, mesmo quando discordamos.

Por exemplo, em uma reunião, se alguém expressa uma opinião diferente da sua, ao invés de desmerecer a ideia você pode dizer: "Compreendo seu ponto de vista e vejo como isso é importante. Posso compartilhar como vejo a situação também?". Essa abordagem fomenta um ambiente de respeito mútuo e colaboração.

Ressalto, aqui, que a comunicação assertiva é uma habilidade que, embora essencial, muitas vezes é subestimada em diferentes contextos da vida cotidiana. Desde interações no ambiente de trabalho até relacionamentos pessoais, a forma como nos comunicamos molda a qualidade de nossas conexões. Vejamos agora, tecnicamente, como ela pode ser aplicada nos mais variados ambientes e nas mais variadas formas.

NO AMBIENTE DE TRABALHO

Em um mundo corporativo cada vez mais dinâmico, a comunicação assertiva pode ser um diferencial significativo. Por exemplo, imagine uma situação em que um gerente precisa dar um feedback a um funcionário que não está alcançando as metas esperadas. Em vez de uma abordagem crítica que apenas aponta falhas, o gerente pode optar por uma comunicação assertiva, dizendo: "Eu percebo que você tem enfrentado dificuldades para atingir suas metas. Vamos nos sentar e discutir algumas estratégias que podem ajudá-lo a melhorar essa situação". Essa abordagem não oferece só suporte, ela também envolve o funcionário no processo de solução, fortalecendo o relacionamento profissional.

Além disso, em reuniões de equipe, a comunicação assertiva pode ajudar a evitar mal-entendidos e a promover um ambiente colaborativo. Ao encorajar todos os membros a expressarem suas opiniões e preocupações de forma respeitosa, o grupo pode se beneficiar de uma variedade de perspectivas, levando a decisões mais informadas e eficazes.

NOS RELACIONAMENTOS PESSOAIS

A comunicação assertiva é igualmente crucial em relacionamentos pessoais. Imagine um casal que enfrenta um desentendimento. Em vez de deixar que a frustração se acumule e se transforme em ressentimento, cada parceiro pode se esforçar para expressar seus sentimentos de maneira clara e honesta. Por exemplo, um parceiro pode dizer: "Eu me sinto desconfortável quando você não me avisa sobre seus planos. Isso me dá a impressão de que você não se importa com o que eu sinto". Essa abordagem direta permite que ambos os parceiros compreendam as preocupações um do outro e trabalhem juntos para encontrarem um equilíbrio.

Além disso, a comunicação assertiva pode ajudar a resolver conflitos com amigos. Se um amigo frequentemente chega atrasado aos encontros, em vez de apenas reclamar, você pode dizer: "Eu valorizo muito nosso tempo juntos. Quando você chega atrasado fico preocupado que não esteja se importando com isso. Podemos tentar ser mais pontuais?". Isso expressa sua preocupação e abre um espaço para a discussão e a compreensão mútua.

EM SITUAÇÕES DE NEGOCIAÇÃO

Quando as partes envolvidas conseguem expressar suas necessidades e seus desejos de maneira clara e respeitosa, a probabilidade de chegar a um acordo satisfatório aumenta. Por exemplo, em uma negociação salarial, um funcionário pode afirmar: "Eu acredito que meu desempenho e as novas responsabilidades justificam uma revisão salarial. Estou disposto a discutir isso e encontrar uma solução que beneficie ambas as partes". Essa abordagem não apenas transmite confiança, mas também estabelece um tom colaborativo para a conversa.

NA EDUCAÇÃO

Em ambientes educacionais, a comunicação assertiva pode ser um recurso valioso tanto para professores quanto para alunos. Professores que se comunicam de forma assertiva conseguem estabelecer normas claras e expectativas para seus alunos, promovendo um ambiente de aprendizado mais produtivo. Por exemplo, ao abordar um comportamento inadequado, um professor pode dizer: "Eu notei que você tem falado durante as aulas. Isso pode distrair seus colegas. Vamos encontrar uma maneira de garantir que todos possam se concentrar?". Essa abordagem é respeitosa e produtiva, permitindo que o aluno compreenda a importância do comportamento adequado.

Os alunos também se beneficiam da comunicação assertiva ao expressarem suas dúvidas e preocupações em sala de aula. Ao fazerem perguntas ou pedirem ajuda de maneira clara e respeitosa, eles não só promovem seu próprio aprendizado, como incentivam um ambiente de apoio e colaboração.

Além dos que já foram discorridos, desenvolver habilidades de comunicação assertiva é um processo que envolve prática e reflexão. Aqui estão outras técnicas bastante práticas que podem ajudar nesse desenvolvimento:

- Reconhecimento de sentimentos: comece identificando e entendendo suas emoções. Pergunte a si mesmo como se sente em diferentes situações e por quê. Isso o ajudará a expressar suas necessidades com clareza.

- Definição de valores: compreenda quais são seus valores e limites. Saber o que é importante para você facilita a comunicação assertiva.

- Procure usar declarações que comecem com "Eu", como: "Eu sinto" ou "Eu preciso". Isso o ajudará a comunicar seus sentimentos sem colocar a culpa nos outros. Por exemplo, em vez de dizer: "Você nunca me escuta", diga: "Eu me sinto ignorado quando você não responde".

- Foque no outro: quando alguém estiver falando, dedique sua atenção total. Evite interrupções e faça perguntas para demonstrar interesse. Após ouvir, resuma o que a outra pessoa disse para mostrar que você realmente entendeu. Por exemplo, "Se eu entendi bem, você está dizendo que...".

- Feedback: peça a amigos que observem sua comunicação e lhe deem um feedback. Isso pode ajudá-lo a identificar áreas a melhorar.

- Aprenda a dizer não de forma educada, mas firme. Por exemplo: "Agradeço o convite, mas não poderei participar dessa vez". Isso ajuda a manter seu espaço pessoal e a respeitar suas necessidades.

- Mantenha a calma: em situações de conflito, respire fundo e mantenha a calma. Tente não reagir impulsivamente.

- Foco na solução: aborde os conflitos com uma mentalidade voltada para a solução. Pergunte: "Como podemos resolver isso juntos?".

- Consciência corporal: preste atenção à sua linguagem corporal. Mantenha uma postura aberta, faça contato visual e use gestos que transmitam confiança.

- Tom de voz: o tom de voz deve ser firme, mas amigável. Evite tons agressivos ou passivos.

- Prática regular: a prática leva à perfeição. Envolva-se em conversas assertivas sempre que possível, mesmo em situações cotidianas. Isso ajudará a tornar a assertividade uma segunda natureza.

- Reflexão pós-conversa: após interações significativas, reserve um momento para refletir. Pergunte-se o que funcionou bem e o que pode ser melhorado na próxima vez.

- Coloque-se no lugar do outro: tente entender a perspectiva da outra pessoa. Pergunte-se: "Como essa pessoa se sente em relação a isso?". Isso ajuda a construir conexões mais fortes e facilita um diálogo mais respeitoso e produtivo.

- Reconhecimento de emoções: ao conversar, reconheça as emoções do outro. Por exemplo, você pode dizer: "Eu percebo que você está frustrado com essa situação. Vamos falar sobre isso". Esse reconhecimento pode desarmar a tensão e abrir espaço para uma comunicação mais aberta.

- Use perguntas abertas: em vez de perguntas que podem ser respondidas com um simples "sim" ou "não", faça perguntas abertas que incentivem a conversa. Por exemplo: "O que você pensa sobre essa proposta?". Isso não só demonstra interesse, como também convida a outra pessoa a compartilhar suas ideias.

- Busque esclarecimentos. Se algo não estiver claro não hesite em pedir explicações. Frases como: "Você pode me explicar melhor o que quis dizer?" mostram que você está interessado em entender completamente a outra pessoa.

- Anote pontos-chave: antes de reuniões ou conversas importantes, faça uma lista de pontos que deseja abordar. Isso o ajudará a manter o foco e garantir que você não se esquecerá de nada crucial durante a discussão.

- Registro de resultados: após conversas significativas faça anotações sobre o que foi discutido e quaisquer acordos foram feitos. Isso o ajudará a manter um histórico e poderá ser útil em futuras referências.

- Evite reações impulsivas: aprender a pausar antes de responder, especialmente em situações tensas, pode ser um grande passo para a comunicação assertiva. Reserve um momento para pensar sobre sua resposta antes de falar.
- Pratique a tolerância: em conversas difíceis, lembre-se de que cada um tem suas próprias experiências e emoções. Praticar a tolerância ajuda a manter um ambiente de diálogo respeitoso.

Ao implementar essas simples técnicas, você não apenas aprimora suas habilidades de comunicação assertiva, mas também contribui para interações mais saudáveis e produtivas em todas as áreas da sua vida. A chave é a prática consistente e a disposição para aprender e crescer. Desenvolver essas habilidades é um caminho que pode trazer benefícios significativos em diversas áreas da vida, desde o ambiente profissional até relacionamentos pessoais.

CAPÍTULO 6

PISANDO EM OVOS

Como vimos no capítulo anterior, comunicar-se de forma assertiva é importantíssimo e requer treinamento, paciência e, muitas vezes, bastante tolerância. No entanto é fundamental, especialmente nos dias atuais, não se tornar uma máquina que busca fazer tudo de forma correta, o famoso Joãozinho do passo certo. Por isso falei que não sou o maior fã do termo comunicação assertiva, embora veja nela uma ferramenta eficaz e necessária nesta obra que trata de comunicação. Além do que, somente por ser uma comunicação que foca no olho no olho e em diálogos longes das redes sociais e de dispositivos móveis já ganha milhares de pontos.

De toda forma, por mais que você se comunique de forma assertiva, o que mais desejo, do fundo do meu coração, é que você, longe das redes sociais, nunca perca sua personalidade em um mundo onde as pessoas estão cada vez mais com medo de falar o que pensam, pisando em ovos e apenas replicando conforme a bolha ou o gado com quem convivem, sem opiniões próprias. Se existe algo que refuto é essa forma politicamente correta de agir, pois vivemos tempos curiosos, para dizer o mínimo.

Nunca se falou tanto sobre liberdade de expressão, nunca houve tanta facilidade para comunicar ideias e, ironicamente, nunca estivemos tão amedrontados em relação ao que dizemos. O mundo contemporâneo, com toda a sua aparência de avanço e progresso, conseguiu fazer com que as pessoas pisem em ovos em quase todos os momentos. Um verdadeiro espetáculo de insegurança coletiva, em que cada palavra é medida, pesada e dissecada com o temor de que um passo em falso nos leve ao tribunal público do "cancelamento". Que tempos ridículos.

A verdade é que, em meio a essa nuvem de moralismo e pseudoprogressismo, estamos lentamente abandonando aquilo que é mais importante: a nossa essência. Nossas opiniões, nossas ideias, nossas convicções mais profundas, tudo é meticulosamente guardado, com medo de que alguém, em algum canto da internet, ofenda-se ou nos tache de radicais. Porque, claro, nos dias de hoje, ter uma opinião contrária ou, ouso dizer, diferente da corrente dominante é visto como um ato de revolta. Um pensamento independente? Que afronta!

As pessoas parecem ter se esquecido de que a vida é uma só. Uma só oportunidade de existir, de se expressar. Depois daqui, não sabemos se vamos para o céu, para o inferno ou para uma ilha deserta com a Jeniffer Aniston. Tomara que seja a terceira opção. E, no entanto, aqui estamos, silenciando nossas vozes, vendendo nossa autenticidade em troca de aceitação superficial, de aprovação momentânea de pessoas que, sejamos sinceros, nem sequer importam.

O que aconteceu com o poder da discordância? Com a beleza de defender uma ideia, mesmo que seja impopular? Hoje, ao menor sinal de divergência, lá vêm as *hashtags*, os dedos apontados e a turba armada de comentários ferozes, prontos para esmagarem qualquer um que ouse sair da linha. E o mais trágico é que estamos começando a acreditar que isso é normal, que se autocensurar é parte do "jogo", parte de viver em sociedade, que devemos sacrificar nossas opiniões para sermos "aceitos". A aceitação, hoje, parece ser o novo ídolo que todos perseguem. Mas a que custo? A que preço? Não. Não é normal.

Imagino essa pessoa, lá em seus últimos dias, refletindo sobre a vida que viveu. Que jornada incrível, não? Uma vida inteira pisando em ovos, concordando com tudo e todos. Que orgulho! Afinal, o que pode ser mais nobre do que passar décadas sendo uma cópia pálida dos outros, repetindo as opiniões da sua querida bolha e sempre mantendo a paz com os amiguinhos?

Ironia das ironias: ela será lembrada por quê, exatamente? Pela ausência de polêmica? Pela habilidade de ser inofensiva? Talvez ganhe uma medalha de honra ao mérito por "conformismo exemplar". E o arrependimento, esse sim, será a única coisa genuína que restará. Aquele peso sufocante de ter passado uma vida sem realmente viver. Mas, ei, pelo menos ninguém a cancelou, certo? Que vitória gloriosa. Então parabéns! Se você fizer isso, você jogou o grande jogo da vida sem nunca ter saído do banco de reservas.

O preço, caro leitor, é a nossa essência. É algo muito valioso. É a nossa capacidade de pensarmos por nós mesmos, a nossa coragem de falar o que acreditamos. Não podemos, de maneira alguma, renunciar a isso em nome do medo do que os outros irão pensar, pois, no final das contas, o que realmente importa não é o que eles pensam. O que importa é o que você pensa. O que você defende. Quem você é.

Cada vez que calamos uma opinião, cada vez que deixamos de expressar algo que acreditamos, uma parte de nós morre. E, acredite, essa morte lenta é muito mais perigosa do que qualquer "cancelamento" público. Por isso sejamos claros: a vida é curta demais para sermos marionetes das expectativas alheias. Que se danem as críticas, os julgamentos, as análises vazias dos "policiais do comportamento", que acham que têm o direito de moldar nossas vidas. Que se danem os ovos que o mundo nos obriga a pisar. Expressar-se, ser autêntico, não é um ato de revolta, é um ato de sobrevivência. E, se por acaso, isso incomoda alguém, que assim seja. Porque viver com medo de ser quem somos é a pior prisão que podemos aceitar.

Assim, que cada um de nós carregue ideias com orgulho. Que fale, que discorde, que provoque, que pense, porque, no leito da morte, seremos lembrados não pelo que deixamos de dizer, mas pelo que tivemos a coragem de expressar. E isso é para poucos.

Não seja um banana. O mundo já está repleto deles.

6.1 QUANTO MAIS BUSCARMOS ACEITAÇÃO SOMENTE BASEADOS NAS REDES SOCIAIS, MAIS VAZIA PODE SE TORNAR AS NOSSAS VIDAS

Vivemos em um tempo em que a busca pela aceitação se tornou a nova religião e as redes sociais os templos onde nos reunimos para adorar a imagem cuidadosamente elaborada de nós mesmos. É quase poético. Em vez de nos conectarmos de maneira genuína, trocamos olhares profundos por curtidas superficiais, como se essas pequenas notificações fossem a validação da nossa existência. O que poderia ser mais gratificante do que saber que alguém, em algum lugar, clicou em um botão para dizer que aprova a nossa última *selfie*?

Zygmunt Bauman, filósofo polonês, apresenta-nos a ideia do "mundo líquido".[6] Ele argumenta que vivemos em uma sociedade onde as relações, as emoções e até mesmo as identidades são tão fluidas que se tornam quase irreconhecíveis. Imagine que, em vez de construir castelos sólidos de amizade e intimidade, estamos apenas erguendo castelos de areia à beira-mar, uma onda de desinteresse ou uma nova tendência, podendo levá-los embora em um piscar de olhos. Nesse contexto, as redes sociais são os geólogos da nossa era, moldando e desmantelando nossos relacionamentos com a mesma facilidade com que deslizamos o dedo pela tela.

E qual é o resultado dessa busca incessante por aceitação digital? Uma vida recheada de momentos compartilhados, nos quais o conteúdo parece mais vazio do que um balão de festa após a

---

[6] BAUMAN, Z. *A modernidade líquida.* Rio de Janeiro: Jorge Zahar, 2000.

celebração. A ironia, claro, é que quanto mais nos esforçamos para sermos aceitos, mais perdemos a essência do que realmente somos. Em vez de buscar conexões significativas, tornamo-nos meros algoritmos tentando calcular a fórmula exata para o sucesso nas redes sociais. "Quantas curtidas para ser feliz hoje?", perguntamo-nos, como se a resposta fosse a chave para a realização pessoal.

E, assim, navegamos por esse mar de superficialidade, em que a profundidade é sacrificada em nome da popularidade. A autenticidade tornou-se uma raridade e quem se atreve a ser genuíno pode ser rapidamente eclipsado por aqueles que sabem como dançar conforme a música das tendências. Afinal, quem se importa com o que se sente quando se pode ter centenas de seguidores que, na melhor das hipóteses, mal conhecem nosso nome?

A busca por aceitação nas redes sociais é, portanto, um paradoxo fascinante. Queremos ser vistos, mas, ao mesmo tempo, escondemo-nos atrás de filtros e edições, criando uma versão de nós mesmos que, se não for uma ilusão, é, no mínimo, uma simplificação da complexidade humana. Em um mundo que deveria estar repleto de conexões profundas, acabamos presos em uma rede de relacionamentos superficiais, na qual a verdadeira intimidade se torna um artigo de luxo.

Na pós-modernidade, dançamos no vazio das nossas próprias criações. Enquanto isso, Bauman, falecido em 2017, deve nos observar com um sorriso irônico, como se dissesse: "Bem-vindos ao mundo líquido, onde tudo flui, exceto a profundidade da experiência humana", seguindo em busca de aceitação, mergulhando cada vez mais fundo em um abismo de superficialidade, como se fôssemos peixes tentando respirar fora d'água.

Amplio este capítulo para destacar que o conceito de "mundo líquido" de Zygmunt Bauman pode ser amplamente aplicado em diversas áreas da vida, incluindo o trabalho e a educação, revelando como a fluidez e a incerteza moldam nossas experiências e relações.

Contratos temporários e flexibilidade: no ambiente de trabalho contemporâneo, a ideia de empregos permanentes está se tornando uma raridade. A prevalência de contratos temporários e freelancer reflete a liquidez, na qual as relações de trabalho são frequentemente repletas de incertezas. Os "mimadinhos" querem trabalho 100% remoto. Se for para ir presencial, que seja um parque de diversões, um ambiente *cool*, com poltronas, sofás e cervejas no fim do expediente. Um espaço de trabalho "superdescontraído". A ascensão do home office ilustra a liquidez das relações profissionais. A interação cara a cara é substituída por chamadas de vídeo e mensagens instantâneas, o que tende, inevitavelmente, a dificultar a construção de laços de confiança e colaboração. A comunicação se torna mais fragmentada e superficial, refletindo a dinâmica líquida das relações.

Mudança rápida de habilidades: com a evolução constante da tecnologia e das metodologias de trabalho, as habilidades exigidas estão em constante transformação. Isso faz com que os trabalhadores precisem se reinventar continuamente, refletindo a ideia de que as competências e os conhecimentos adquiridos podem se tornar obsoletos rapidamente. A educação contínua se torna uma necessidade, mas também uma fonte de ansiedade. A educação também enfrenta a pressão da liquidez com currículos que precisam se adaptar rapidamente às mudanças sociais e tecnológicas. Em vez de uma abordagem fixa, as instituições educacionais estão cada vez mais adotando currículos flexíveis, que permitem a inclusão de novas disciplinas e habilidades, muitas vezes em resposta a demandas do mercado de trabalho.

Aprendizagem ao longo da vida: a ideia de que a educação não se limita a um período específico da vida está se tornando mais prevalente. A aprendizagem contínua e a adaptação às novas realidades são essenciais em um mundo que muda rapidamente. Isso pode criar um ambiente de pressão constante, em que os indivíduos sentem que precisam estar sempre atualizados e prontos para aprender.

Desvalorização do diploma tradicional: à medida que as competências práticas e a experiência ganham mais peso do que os diplomas formais, a educação tradicional enfrenta desafios. Isso reflete a liquidez das credenciais, nas quais um diploma pode não ser mais suficiente para garantir uma posição estável ou um reconhecimento claro no mercado.

Em suma, o conceito de "mundo líquido" de Bauman pode ser observado em várias facetas da vida moderna. A instabilidade, a necessidade de adaptação e a superficialidade nas relações são características que permeiam tanto o ambiente de trabalho quanto o sistema educacional, exigindo que indivíduos e instituições se ajustem continuamente a um cenário em constante mudança. Essa fluidez, embora possa oferecer oportunidades de inovação e crescimento, também traz à tona desafios significativos em termos de segurança, identidade e, principalmente, conexões reais.

6.2 NECESSIDADE DE SE DESCONECTAR

Sempre que consigo, gosto de visitar meus pais. Eles moram no interior, em uma pequena cidade de apenas 3.500 habitantes. Eu vivo em uma capital. A vida deles parece estar em 110w, enquanto a minha está em 220w.

Meu pai, pequeno agricultor aposentado, passa horas cuidando da horta, de plantas e de tudo que está em volta da casa. Nasceu, criou-se e vive até hoje em contato com a terra. Minha mãe, secretária aposentada, cuida dos afazeres domésticos, canta no coral de músicas italianas, visita as irmãs e participa mais de atividades sociais. No fim do dia, usa o tablet para ler notícias e jogar *Candy Crush*.

Os dois, um dia sim, um dia não, fazem academia. Comem de maneira saudável. Às 11h30, a comida está na mesa. E tiram uma bela sesta depois da refeição.

Certo dia, com meus dois celulares nas mãos (um pessoal e o outro funcional do meu trabalho), falei para meu pai: "Tenho inveja de ti, pai. Meu sonho é não ter telefone celular, assim como você". Ele apenas riu e disse que odeia telefone e que nunca fará uso. Refletindo sobre isso, dei-me conta de como estamos reféns dos smartphones e como eles nos transmitem uma sensação de que estamos sempre conectados. Mesmo nas férias, nas folgas do trabalho, nos momentos em que sei que não preciso estar conectado, deparo-me, em algum momento do dia, olhando se surgiram notificações, se alguém me ligou, se alguém está me demandando para algo.

Em resumo, por mais que tentamos, o mundo contemporâneo nos confunde. Por que em um momento de descanso estar conectado? O que isso irá acrescentar na minha vida? A resposta é simples: nada. Uma puta de uma perda de tempo e um atropelo, afinal, estando sempre conectados virtualmente, desconectamo-nos do real. Sinto culpa ao perceber isso. Seria muito mais proveitoso desfrutar da companhia deles enquanto eles estão vivos. Fazer o mesmo que meu pai. Mexer na terra e não na tela. Regar os pés de alface, de rúcula, e aproveitar a sutileza da vida, o silêncio, a ternura do canto dos pássaros. Isso, sem dúvida alguma, é muito mais prazeroso do que o som de uma nova mensagem no WhatsApp.

Entramos, caros leitores, em um jogo em que a ansiedade é a nossa companheira constante e a notificação do WhatsApp é como um canto de sereia irresistível. Um simples "ping" e lá estamos nós, prontos para mergulhar em mais um grupo no qual discutiremos a cor do céu ou as últimas tendências de memes. Porque, claro, precisamos saber se o nosso amigo X está pegando alguém, se foi demitido, se mudou-se para a Escócia, se a Y finalmente desencalhou. Esses grupos são como um desfile de irrelevâncias, mas, mesmo assim, a ideia de sair deles nos faz sentir como se estivéssemos abandonando um navio em meio a uma tempestade.

E o que dizer da ansiedade que nos consome ao esperar uma mensagem? Cada segundo se arrasta como se estivéssemos à espera de um resultado de exame médico. O que antes era uma simples conversa entre amigos agora se transformou em uma questão de sobrevivência social. Afinal, se não respondermos imediatamente, será que ainda somos relevantes? Será que estamos vivos? "Fulano de tal anda sumido. O que será que aconteceu", diz no grupo aquele "amigo" que você não vê pessoalmente há anos. Questiono-me: será que alguém se lembrará de nós quando estivermos perdidos em nosso canto solitário?

Certa vez, o filósofo francês Jean-Paul Sartre disse que "o inferno são os outros".[7] Na pós-modernidade, poderíamos reinterpretar isso para "o inferno é a sobrecarga de conexões". A cada notificação somos puxados para longe do presente, para longe dos momentos que realmente importam. A beleza de uma conversa cara a cara ou a tranquilidade de um passeio ao ar livre é substituída pela urgência de atualizar nosso status ou curtir a foto de alguém que mal conhecemos. E, no fundo, sabemos que essa rapidez, essa pressa constante, empurra-nos para um estado de exaustão mental.

Como falei antes, estamos tão conectados que, ironicamente, desconectamo-nos de tudo à nossa volta. A vida se torna um borrão e os momentos significativos se esvaem entre as telas. A cada dia, tornamo-nos mais proficientes em fazer tudo rapidamente, mas, no final, o que nos resta? Uma pilha de mensagens não lidas e um cansaço que nos impede de desfrutar dos pequenos prazeres da vida.

Dessa forma, seguimos navegando entre as ondas de um mar de informações, com um sorriso irônico no rosto, enquanto a vida passa por nós, quase como uma notificação que ignoramos.

---

[7] SARTRE, J. P. *Entre quatro paredes*. 4. ed. Rio de Janeiro: Civilização Brasileira, 2008.

Quem precisa de um momento de paz quando se tem o caos da conectividade em um clique? Assim, enquanto navegamos por esse mar de informação, o tempo passa como um rio veloz, e nós, como bons procrastinadores, deixamo-nos levar pela correnteza.

Por mais que estejamos sempre on-line, a verdade é que somos especialistas em fazer tudo com pressa. Acordamos e antes mesmo de abrir os olhos, já estamos checando as notificações. "O que aconteceu enquanto eu dormia?", pensamos, como se a vida do mundo dependesse da nossa necessidade de atualização constante. E, assim, as horas voam e a lista de afazeres se torna uma miragem distante. E aqui está a ironia: quanto mais conectados estamos, menos conseguimos realmente pensar. A profundidade das reflexões dá lugar a um fluxo incessante de conteúdo superficial. Trabalhos que poderiam ter valor, que poderiam impactar, muitas vezes se perdem na cacofonia de vozes semelhantes, todas tentando se destacar em um mar de *selfies* e memes. O que realmente importa se transforma em ruído e, em meio a esse caos, o que resta é a sensação de que estamos apenas "fazendo" em vez de "sendo".

Olhem ao redor. Estamos cada dia mais corcundas. Caminhando de cabeça baixa, tropeçando nas calçadas desniveladas, apenas para que possamos observar as telas brilhantes, como prisioneiros de um dispositivo que ironicamente prometeu nos libertar, presos a um aparelho que, em teoria, deveria facilitar nossas vidas. A única parte boa disso é que podemos tomar Miosan (relaxante muscular) sem culpa para dormirmos profundamente. Só isso.

Convenhamos, a vida é, de fato, muito maior. Enquanto permanecemos enfiados em nossas bolhas digitais, esquecemos que há um mundo fora das telas, cheio de nuances e experiências significativas. E, no fim das contas, somos todos um pouco mais pobres por isso, sem perceber que ao nos conectarmos tanto, acabamos nos desconectando de nós mesmos.

CAPÍTULO 7

NÃO ACREDITE MUITO NA HUMANIDADE

Não acredite muito na humanidade. Ou, então, acredite até a página dois se for muito otimista. Com o passar dos anos, você percebe que as pessoas estão muito mais preocupadas com o seu próprio umbigo, com praias paradisíacas e hotéis caros, embora possam postar nas redes sociais que são defensoras dos oprimidos e estão sensibilizadas com as criancinhas que morrem de fome na Somália. O mundo é selvagem. Volta e meia, as civilizações são dizimadas. Crianças são estupradas por padres. Mulheres são assediadas por ministros paladinos da moralidade e assim por diante. No mundo contemporâneo, onde a superficialidade reina absoluta, é quase um exercício de fé acreditar na humanidade.

Observamos um desfile interminável de indivíduos mais preocupados com a pose perfeita do que com ações concretas. Nas redes sociais, o espetáculo das aparências é um espetáculo grotesco, no qual a verdadeira essência do ser humano se dissolve em filtros e sorrisos ensaiados. É irônico, não? Aqueles que mais se esforçam para brilhar nas telas são frequentemente os que devemos desconfiar.

Recentemente, a maior tragédia climática já ocorrida no Rio Grande do Sul, em maio de 2024, serviu como um triste e revelador exemplo. Enquanto o povo clamava por ajuda, muitos influenciadores digitais se apresentaram como salvadores da pátria, prontos para ajudar. Mas, como era de se esperar, a realidade era bem diferente.

Descobriu-se que por trás das postagens ensaiadas e das promessas vazias estavam verdadeiros picaretas, desviando valores de doações. Um deles, inclusive, foi preso. O salvador da pátria deve ter "animando" o presídio com suas piadas sem graças e extremamente grosseiras.

No mesmo período, agentes da Defesa Civil foram presos por desviar doações que seriam destinadas aos flagelados em uma das cidades devastadas. É uma mancha na história que nos lembra que por mais que a sociedade avance, que existam pessoas com boas intenções, com a mão estendida para ajudar o próximo, os aproveitadores sempre encontraram uma brecha para se infiltrar.

Sim, os picaretas sempre existiram. O que mudou? Apenas o palco. As redes sociais escancaram o que já era podre e mesquinho no ser humano. A hipocrisia e a ganância, antes camufladas, agora dançam em plena luz do dia, como se a moralidade fosse um acessório dispensável. O triste é que nesse cenário, a solidariedade se tornou uma mercadoria e a verdadeira ajuda uma raridade.

A reflexão sobre a superficialidade do mundo contemporâneo nos leva a uma análise mais profunda do comportamento e das dinâmicas sociais que se desenrolam à nossa volta. Em um cenário em que as redes sociais se tornaram o palco principal da vida cotidiana, é fácil sucumbir à tentação de buscar validação por meio de curtidas e compartilhamentos. Essa busca incessante por reconhecimento transformou o que poderia ser uma ferramenta de conexão em um mecanismo de egoísmo exacerbado.

A noção de comunidade se distorceu. Em vez de unir pessoas em torno de causas comuns, a virtualidade muitas vezes serve como um espelho que reflete apenas o que cada um deseja mostrar: uma vida perfeita, repleta de conquistas e felicidade. Contudo essa fachada é, na maioria das vezes, uma ilusão que esconde a realidade de inseguranças, fracassos e uma solidão latente.

A superficialidade se torna um manto confortável vestido por muitos, mas que, na realidade, apenas acentua a desconexão humana. E o problema não reside somente nas ações de alguns, mas na cultura que permite que isso aconteça. O culto à imagem, à aparência e à fama efêmera cria um ambiente no qual a ética e a moralidade são frequentemente deixadas de lado em favor de *likes* e seguidores. As consequências são profundas: a desconfiança se instala, a empatia se esvazia e a solidariedade se transforma em uma moeda de troca e o que deveria ser genuíno se torna apenas mais uma performance em um *feed* de notícias. Assim, a mensagem que ressoa nesse contexto é de que devemos ser cautelosos e críticos. A desconexão que sentimos não é apenas uma consequência do mundo digital. Ela é um reflexo da escolha que fazemos sobre como nos relacionamos com os outros.

Portanto talvez a resposta esteja em nos voltarmos para dentro, em cultivarmos relações autênticas e em agirmos com integridade, mesmo quando o mundo ao redor parece estar de cabeça para baixo.

A crueldade da humanidade é uma realidade que se desdobra diante de nossos olhos, muitas vezes de forma tão insidiosa que se torna difícil discernir onde termina a compaixão e começa a indiferença. Em muitas circunstâncias, o que poderia ser um espaço de solidariedade e empatia converge para um cenário grotesco de egoísmo e desumanidade. Exemplos não faltam. Pense nas guerras que devastam países inteiros, nas quais civis se tornam meros números em estatísticas de mortos e feridos. Em nome de ideais políticos ou religiosos, vidas são ceifadas sem compaixão e o que resta é um rastro de destruição e sofrimento. As imagens de famílias destroçadas, de crianças órfãs e de pessoas forçadas a deixar suas casas são um lembrete constante de que a crueldade humana não conhece limites.

Além disso, a brutalidade se manifesta de formas mais sutis, mas igualmente devastadoras, nas relações cotidianas. O *bullying*, as discriminações, o assédio, são atos que revelam a face mais sombria da natureza humana. Em ambientes que deveriam ser seguros, como escolas e locais de trabalho, a crueldade se disfarça de "brincadeira" ou "competitividade", mas suas consequências são profundas e duradouras.

A dor infligida por palavras e ações desmedidas pode marcar uma vida para sempre. A corrupção e a manipulação de recursos, muitas vezes perpetradas por aqueles que mais deveriam cuidar dos vulneráveis, revelam que, em muitos casos, a boa intenção se transforma em um jogo de poder em que os necessitados são apenas peças de um tabuleiro.

Diante de tudo isso, a ideia de acreditar na humanidade torna-se cada vez mais questionável. As atrocidades que permeiam a sociedade são um lembrete constante de que por trás da fachada de civilização, muitas vezes se esconde um abismo de insensibilidade e egoísmo. E, claro, a ironia disso tudo é quase palpável: em meio a tanta crueldade, somos aconselhados a confiar, a esperar que a bondade prevaleça. O que nos resta, então? Cuidar de nós mesmos. Afinal, diante de um mundo que parece ter esquecido o significado de compaixão, talvez a melhor estratégia seja olhar para dentro e garantir que pelo menos em nosso pequeno espaço, cultivemos a bondade que tanto falta por aí. Não devemos esperar muito do mundo; ele já nos mostrou sua verdadeira face.

Portanto a conclusão é simples: estamos sozinhos nesse mar de aparências. As promessas são vazias e a boa vontade escassa. Não devemos depender dos outros, pois a maioria parece estar mais interessada em alimentar seu próprio ego do que em realmente fazer a diferença. Neste mundo de escrotidão e superficialidade, o melhor é olhar para dentro e tentar sobreviver da maneira que pudermos, desconfiando sempre de sorrisos brilhantes que, no fundo, escondem intenções sombrias.

A verdade é que na busca por validação, muitos esqueceram o que significa ser humano. E assim seguimos, cada um por si, em meio ao caos das aparências. Em um universo que parece ter abandonado a humanidade, a autoconservação se torna o único ato de sanidade.

7.1 SEJAMOS MAIS ESTOICOS

Nos últimos anos tenho lido que o estoicismo está na moda. Embora eu seja contra muita coisa que está na moda, esse modismo, meus caros, deve ser avaliado como extremamente positivo. Finalmente algo vultoso para o mundo pós-moderno. Em primeiro lugar, porque os jovens saberão que Sêneca não é um jogo de videogame ou um aplicativo, que Sócrates não é apenas aquele jogador que atuava pela seleção brasileira com maestria e elegância única, que Marco Aurélio não é apenas o nome de algum vizinho chato e que Platão foi um filósofo e matemático do período clássico da Grécia Antiga e não um planeta (plutão), como muitos consideram erroneamente. Aliás, Plutão, para que vocês não errem mais, deixou de ser considerado um planeta no Sistema Solar. Obs.: pesquisem no Google, pois não pretendo fugir do tema.

Voltando... Em um mundo cada vez mais dominado pelas redes sociais, em que a busca por validação on-line se tornou a nova religião, talvez seja hora de olharmos para o estoicismo, essa filosofia antiga que parece ter sido esquecida em meio a *selfies* e *hashtags*. Afinal, o que os estoicos nos ensinam? Basicamente, que a verdadeira felicidade e a paz de espírito não vêm de curtidas ou seguidores, mas do controle sobre nossas emoções e a aceitação das circunstâncias que não podemos mudar. Um conceito revolucionário, não?

Entre os principais autores dessa Escola, encontramos figuras como Sêneca, Epiteto e Marco Aurélio. Sêneca, com sua sagacidade, lembra-nos que "não é o que acontece com você, mas como você reage ao que acontece é que importa". Uma ideia tão simples, mas que parece ter se perdido em meio ao bombardeio de conselhos motivacionais que prometem transformar qualquer um em milionário em um piscar de olhos, desde que você participe do último workshop de coaching.

Epiteto, por sua vez, aconselha que "não procure que as coisas aconteçam como você quer, mas queira que elas aconteçam como elas acontecem". Uma dose de realidade que contrasta com os discursos otimistas de influenciadores que vendem a ideia de que tudo na vida se resume a uma mentalidade positiva.

A filosofia estoica oferece um conjunto de ferramentas valiosas para lidar com a pressão social e as expectativas externas, permitindo que os indivíduos encontrem um equilíbrio emocional e uma paz interior em meio ao caos do mundo contemporâneo.

Foco no que está sob nosso controle: um dos princípios centrais do estoicismo é a distinção entre o que podemos controlar e o que não podemos. As expectativas externas e a pressão social muitas vezes estão além de nosso controle. Ao concentrar-se apenas nas ações e reações que estão sob sua responsabilidade, você pode reduzir a ansiedade e a frustração causadas pelas opiniões alheias.

Aceitação da realidade: os estoicos acreditam na aceitação das circunstâncias como elas são, em vez de como gostariam que fossem. Isso implica aceitar que não podemos agradar a todos e que a vida é cheia de incertezas. Essa aceitação ajuda a aliviar a pressão de tentar atender expectativas irreais e permite que você viva de forma mais autêntica.

Desenvolvimento da resiliência: a filosofia estoica ensina que a adversidade é uma oportunidade de crescimento. Ao enfrentar a pressão social e as críticas, você pode desenvolver uma resiliência interior que o ajuda a lidar com desafios futuros. Isso envolve ver as dificuldades como testes que fortalecem seu caráter em vez de obstáculos intransponíveis.

Reflexão sobre valores pessoais: o estoicismo incentiva a reflexão sobre o que é verdadeiramente importante para nós, permitindo que você defina seus próprios valores e objetivos, em vez de se deixar levar pelas expectativas da sociedade. Quando você tem clareza sobre suas prioridades, fica mais fácil resistir à pressão externa e viver de acordo com suas convicções.

Prática da gratidão (não gosto essa palavra, assim como resiliência, pois foram banalizadas, mas aqui há um sentido): os estoicos valorizavam a gratidão como uma forma de cultivar a satisfação com o que se tem. Em vez de se preocupar com o que falta ou com o que os outros pensam, a prática da gratidão ajuda a focar nas coisas positivas da vida, reduzindo a comparação social e a insatisfação.

Cultivo da empatia e da compaixão: ao entender que todos enfrentam suas próprias lutas e pressões, o estoicismo promove uma abordagem mais compassiva em relação aos outros. Isso não só alivia a pressão de atender a expectativas sociais, mas também ajuda a construir relacionamentos mais autênticos e significativos.

Assim, a filosofia estoica oferece um caminho para navegar pela pressão social e pelas expectativas externas com uma mentalidade mais equilibrada e resiliente. Ao focar no que você pode controlar, aceitar a realidade, refletir sobre seus valores, é possível encontrar paz interior e viver de forma mais autêntica, independentemente do que os outros possam pensar.

Não podemos nos esquecer de Marco Aurélio que, em sua sabedoria imperial, disse que "a felicidade da sua vida depende da qualidade dos seus pensamentos", o que, convenhamos, é bem mais enriquecedor do que as obviedades vendidas por escritores militantes que, com seus discursos vazios, tentam agradar às bolhas em que vivem. Esses "especialistas" fazem questão de repetir frases de efeito na esperança de que um dia alguém se lembre de suas palavras como se fossem verdadeiros mantras da sabedoria.

Já o estoicismo, mesmo sendo uma filosofia milenar, mostra-se muito mais robusto e relevante do que toda essa enxurrada de literatura motivacional que inunda as prateleiras das livrarias. Enquanto os coachs prometem que a vida é bela e que com algumas técnicas mágicas você sairá do zero a um milhão em um fim de semana, os estoicos oferecem uma visão bem mais realista e profunda sobre a condição humana. Eles falam sobre sofrimento, sobre a inevitabilidade da dor e, especialmente, sobre a importância de manter a dignidade diante das adversidades.

Então, em um mundo tão obcecado por aparências e validação instantânea, talvez seja hora de reavaliar nossas prioridades. Se a busca pela felicidade se resume a *likes* e seguidores, o estoicismo nos convida a uma reflexão mais profunda. E, cá entre nós, quem precisa de um milhão de seguidores quando se pode ter um milhão de pensamentos dignos?

No final das contas, a lição mais irônica é que, enquanto todos correm atrás de uma vida perfeita vendida por influenciadores, os estoicos nos lembram que a verdadeira paz está em aceitar a imperfeição do ser humano – e isso, definitivamente, não se encontra em um workshop de final de semana.

CAPÍTULO 8

SEJA UM VENCEDOR

Quando abrimos o YouTube, sobretudo, somos minados de centenas de vídeos motivacionais com dicas de como alcançar sucesso e ter uma vida repleta, feliz. Conselhos do tipo: acorde às 5h, tome um banho gelado, leia 10 páginas de um livro por dia, estude, trabalhe, coma isso, como aquilo. Ora, acordar às 5h e tomar um banho gelado, desculpem-me, para mim beira à demência. Ao invés de dar mil *likes* para esses gurus de internet, prefiro mil vezes preparar um café e voltar para minha cama.

A vida, meus amigos, é diferente para cada pessoa. Cada um sabe como deve conduzi-la. Muitos não sabem, e não saber nunca será um problema. Pelo contrário, as coisas boas surgem exatamente do desconhecido. A felicidade não existe. O que existe são momentos felizes e afortunados são aqueles que conseguem identificar esses momentos. Não temos que ser robôs e seguir regras de *YouTubers* para uma vida plena, até porque você pode seguir todas essas regras e ao sair de casa ser atingido por uma marquise na cabeça e morrer sangrando na calçada enquanto a vida dos outros seguirá regularmente.

Em resumo, o que quero dizer é que não há regras. Você pode fazer tudo o que os "vencedores" tentam empurrar em sua mente pela internet e mesmo assim seu destino talvez seja uma merda. Faz parte da vida. E a vida é difícil. É importante, acima de tudo, entender isso. Desapegue-se.

Concluindo, no vasto universo das redes sociais, as chamadas caça-cliques têm proliferado como inços em um campo fértil. Títulos como *Dez regras infalíveis para ser um milionário* ou *Vinte receitas para a felicidade* surgem como promessas sedutoras, feitas sob medida para aqueles que buscam uma fórmula mágica para o sucesso. Eu gosto daquelas "tome esse chá e perca barriga dormindo". Meu Deus. Feita especialmente para os preguiçosos. Imaginem que fácil seria?

Mas o que realmente se esconde por trás dessas frases impactantes? É quase cômico pensar que em um mundo onde o sucesso é tão relativo, qualquer abobado pode se colocar como guru e ensinar o caminho para a riqueza ou a felicidade. Essas *thumbnails*, ou cartões, são um apelo irresistível para o clique, uma armadilha brilhante que promete transformar vidas. "Faça isso e você alcançará o sucesso!", gritam os títulos, como se houvesse uma verdade universal escondida entre as linhas. Mas sejamos sinceros: o que significa realmente "ser um vencedor"? Estamos em uma competição sem que percebamos? Essa ideia de vitória parece mais uma piada do que uma realidade, em especial quando olhamos para a quantidade de pessoas dispostas a seguir qualquer um que se autodenomine "especialista".

O fenômeno das promessas de sucesso nas redes sociais é, sem dúvida, uma das coisas mais bizarras do nosso tempo. É um retrato de como a superficialidade impera e o que conta não é a substância, mas a aparência. A verdade é que esses conteúdos têm um objetivo único: gerar cliques e, consequentemente, dinheiro para os criadores. Eles não se importam com a qualidade do que oferecem; o foco está apenas em alimentar o algoritmo e suas contas bancárias.

E ao final, muitos desses produtores de conteúdo não passam de enganadores. Eles vestem suas mensagens com frases de efeito e imagens chamativas, mas, na essência, o que entregam é vazio, tão superficial quanto a água de uma poça. O que sobra é uma frustração crescente em um público que busca por algo significativo, mas acaba se deparando com a banalidade. Portanto, da próxima vez que você se deparar com uma dessas promessas de felicidade ou sucesso instantâneo, lembre-se: elas são apenas mais um reflexo de um mundo onde o raso se tornou o novo profundo e, ironicamente, ao clicarmos alimentamos esse ciclo vicioso.

8.1 O ÁPICE DA VIDA

A vida pode ser extremamente bela. Sentir a leveza e o prazer das pequenas coisas, alcançar os objetivos traçados, encontrar um grande amor, sentar e conversar qualquer coisa com seus pais ou avós, com a sorte de eles estarem vivos e sempre com algo para nos ensinar.

Com tudo o que falei até agora, espero ter contribuído de alguma forma ou, ao menos, despertado alguns insights (percepções) sobre os cuidados que devemos ter com o uso excessivo das redes sociais e com a necessidade de viver a vida real.

Não entenda minhas palavras como pessimistas. Escrevo sobre realidade em um mundo em que somos escravos da positividade. Se você quer coisas mais otimistas ou frases de amor, leia meu grande amigo Fabrício Carpinejar, que embora faça muitas críticas sobre o mundo atual, baseia suas obras na busca por felicidade por amor, afeto, paixão, delicadeza e poesia.

Desejo a você, que chegou até aqui, com toda honestidade possível, que possa atingir, quem sabe um dia, ao ápice da vida, ou seja, esticar-se em uma cadeira confortável, sozinho, olhar para o mar, para o céu, para um campo florido, sentindo o aroma exalado pelas pétalas e refletir em silêncio: "Venci os inúmeros desafios. Batalhei. Sofri, mas consegui! Estou com dinheiro suficiente para uma vida tranquila, estou com saúde, estou pleno, completo, absoluto". E, caros leitores, nada é mais aprazível na sociedade contemporânea do que alcançar o ponto em que você consegue dizer não para o que lhe incomoda e desenvolve a preciosa arte de mandar todos que lhe perturbam para "a puta que o pariu", com zero preocupação. Se esse momento chegar, tenha certeza, você atingiu o auge e tornou-se, de fato, um vencedor.